U0330273

大夏书系·教育常识

教育评辨
JIAOYU PINGBIAN

BUWANG JIAOYU CHUXIN

不忘教育初心

储朝晖 著

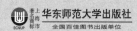
华东师范大学出版社
全国百佳图书出版单位

图书在版编目（CIP）数据

不忘教育初心 / 储朝晖著 . —上海：华东师范大学出版社，2018
ISBN 978 - 7 - 5675 - 7392 - 5

Ⅰ.①不 ... Ⅱ.①储 ... Ⅲ.①教育—文集 Ⅳ.① G4 - 53

中国版本图书馆 CIP 数据核字（2018）第 006526 号

大夏书系·教育常识

不忘教育初心

著　　者	储朝晖	
责任编辑	卢风保	
封面设计	淡晓库	

出版发行	华东师范大学出版社
社　　址	上海市中山北路 3663 号　邮编　200062
网　　址	www.ecnupress.com.cn
电　　话	021 - 60821666　行政传真　021 - 62572105
客服电话	021 - 62865537
邮购电话	021 - 62869887　地址　上海市中山北路 3663 号华东师范大学校内先锋路口
网　　店	http：//hdsdcbs.tmall.com

印 刷 者	北京季蜂印刷有限公司
开　　本	700×1000　16 开
插　　页	1
印　　张	14
字　　数	214 千字
版　　次	2018 年 4 月第一版
印　　次	2018 年 4 月第一次
印　　数	6 100
书　　号	ISBN 978 - 7 - 5675 - 7392 - 5/G·10886
定　　价	45.00 元

出版人	王　焰

（如发现本版图书有印订质量问题，请寄回本社市场部调换或电话 021-62865537 联系）

第一辑　**没有好教师就没有好教育**

> 能否称得上教育家，最根本的要看他是否教人做人，能否依据学生不同的潜能、个性和志向培养出值得他自己崇拜的人。一个人的学业成绩仅仅是他成长发展的一个方面，学业成绩高并不一定就发展得好，教出考试成绩高的学生也不是成为教育家的垫脚石。

第二辑　把发展的权利还给孩子

> 孩子的真正幸福在哪里？他一生幸福的基础在哪里？是否成为"知识框"就可以了，成为"美德袋"就可以了，成为重点小学、重点中学、重点大学的学生就可以了？眼前的学业成绩绝不能衡量一个孩子的全部，更不等同于他未来的幸福，能歌善舞也不能保障一个人走向幸福。

第三辑　对学生的成长规律要有起码的尊重

孩子学习成长的最优选择是自主，评价成长的效果要看长期而不能看阶段，所谓的强化班、提高班、培优班、应试方法与技巧班，可能在短期内会提高孩子的考试成绩，却会导致孩子的长远发展缺乏后劲。为各种培训捧场只会"火"了市场，累了家长，苦了孩子，并最终可能毁了孩子。

第四辑　学校发展的关键在于内在驱动

扩大学校办学自主权，使学校拥有人权、财权、决策权，是激活学校内部活力、从根本上提高教育质量的必由路径。中国教育若不能解决好这一问题，就难以立足于即将到来的世界范围的教育革命。

第五辑　回望教育可以让我们少走弯路

> 教育上最严重缺乏的是思想。没有思想的教育就如同没放盐的菜肴，无论做工如何精细，材料如何珍贵，都难以让师生开胃口，即便是强迫师生接受这种教育，也只会让他们日益变得虚脱无力，没有骨气，没有精神，久而久之，就会病入膏肓。

面对教育的不完美

1981 年秋天第一次知道陶行知，到屯溪的延安路看了他的生平事迹展览，便被他吸引了，此后写了首自勉打油诗：

> 八一秋风撩醒思，志立教育造新世；抛却身边半根草，人类优教度此时。

由此确定了自己"教育是我的职业，研究是我的生命，把教育办得更好是我的人生目标"的人生定位。

自 1983 年开始作教育与社会调查，30 多年来对教育实地调查、实践、思考，积累了太多的心里话。其实这些话或许都是常识，但没有这些经历和体验的人尚不知道这些常识。于是现实中的教育被各方面的压力挤得类似腌菜粑，既不好看，也不好吃，总是酸溜溜的，甚至对人的健康成长发展还有不小的伤害，但人们不得不把它放在嘴里嚼个不停，甚至还要被迫咽下去。

到了知天命之年，这些心中的常识常被一些媒体约稿掏出来，但都比较零碎。多位出版人都跟我说：你何不将它们结集出版？可一直忙这忙那没时间做这件事。直到华东师范大学出版社一再敦促，才有这个"教育评辨"系列的集子出来。

书中所收文章是最近十年来各媒体约写的稿子。这些文稿确实是我就所思考的问题写成，事先没有设计整体框架，但与教育的实际问题紧密扣合。将该系列取名"评辨"是由于所收文章基本采用了评论辨析的文体和表述方式，对现实教育各个方面有批判、鞭挞的意蕴，也有讲理、分析的成分。

总体上我觉得中国教育经过近70年的"齐步走"，走得人们都不知道自己该如何独自去走路了，不会一个人依据自己的兴趣自主地迈开步子；近一二十年又以同一个起跑线为标准，让不少人产生"起跑线上的恐慌"，所有的人都想挤进同一个跑道赛跑。从遵从人的成长发展规律看，齐步走和所有人在一条跑道上跑步都不对。"散步"才是治愈中国诸多教育病的良方。因为散步是自由、自主地随意走，每人确定自己的目标，不按规定的路线和路程，自己选择时机和路程长短，这样每个人才能成长为最好的自己。中国教育当下需要的正是每个人自主地迈出自己的脚步，以自己适合的速度、方式，朝着自己认定的方向、目标，用自己的头脑思考如何走，这样才能从根子上解决教育的各种问题。

这个系列对每位教育当事人是清醒剂，从不同角度和路径构成解决教育问题的整体对策体系。中国当下的教育问题，就好比是一枚硬币，或更准确地说是一个多面体，它的一面是各级政府，另一面是参与教育的民众，还有一面是媒体以及其他社会组织，在其中起着联络、反馈以及其他各种作用。当人们对政府的某些做法不满时，可以找到政府这些做法的民众基础、媒体的盲视、社会组织的无能；而当人们审视教育上的不当行为时，发现它又与体制以及政府的某些政策和做法相关，与政府管理者的素质相关，也与社会各方面的见识和发展水平相关。

表面看来这些问题好像无解，其实这个解有多个方面，多个主体。这个系列就是基于这样的假定去从多个方面求解中国教育问题。每一位读者，每一个与教育相关的个人，都可以通过自己的言行、选择、表达、参与改变当下不完美的教育，也都可以运用自己的理性和思考改变教育，改变自己的生活，乃至改变社会。

如果这个社会有更多的人这样想，并身体力行地去做，那么教育和我们的生活就会一天天地好起来。

储朝晖
2017 年于北京

PART 1

第一辑

没有好教师就没有好教育

"名师"是歧路，"良师"是正途

近年来，"名师工程""教育家培养项目"层出不穷，不乏邀请我当项目专家、评委的，着实为难了我。考虑再三，决定一吐为快，直言多年来的所见所闻所思，旨在对教师的培养或教师专业成长产生积极的作用。

一、"名师"场，选秀场

目前，社会各界对"名师"都有着极强烈的需求，家长希望自己的孩子能够进入"名师"门下，以获得更好的培养、成长和发展；学校需要以"名师"为招牌对自身加以宣传，提高学校的竞争力；教师希望自己成为"名师"，不只面子上好看，待遇亦会有质的不同，同时还能增加更多的工作机会；教育管理部门希望有"名师"，因为"名师"是管理者的政绩，"名师"越多越有名，就越能显示出教育管理的优秀；教研部门希望有"名师"，这样有利于编辑发行"考研、教参、复习"资料；当地社会希望有"名师"，这样才能增强人们对教育的信心；就连媒体也希望有"名师"，这样记者才有题材，版面和节目才有内容……

于是各地"名师"辈出，各地各校都能看到"名师"专栏，贴上他们的照片，标上他们的业绩。当然，不同"名师"所占的位置、空间也是不一样的，特意安排显示了教师的尊卑差异，也显示了其背后的功利取向。眼下，多数学校想方设法制造着"名师"。有的学校设置了"名师办公室"，出台了"名师"管理暂行办法；有的学校像选"快男超女"似的发动学生评选"名师"；教育管理部门也层层评比"名师"，除了形形色色的评优就是各种大赛，让教师参加赛课、赛论文、赛设计，赛与教师职业相关的各种可赛的内容；媒体也参与其中并大力宣传，优胜者自然一举成名；还有各地屡禁不止的考试成绩排名，每年都能排出一系列的"名师"。"名师"也按级别管理：国家级名师、省市级名师、地市级名师、区县级名师、校级名师……真是实实在在的选秀场啊！

二、异化的"名师"

虽然历史上教师多是默默奉献者，但也不能全盘否定教师成名。相反，作为教师的一员，我真诚地希望优秀教师能够脱颖而出，成为实至名归的"名师"。然而当下的"名师"以及与"名师"相关的一些行为已然走上了歧路。

这一点，只需看看这么多的"名师"是怎样出笼的便可了然。各地各校雷同的评选标准和程序中，常用的言词有：充分发挥名师的示范作用和辐射影响，具有"全天候"教学开放能力和水平，公开发表文章，承担市级以上的科研课题，具备"市学科学会常务理事长"资格，计划培养"名师"多少名，"名师"试行年薪制，"名师"办公室在区教育局党委领导下具体开展名师的评选、认定和管理工作，本办法解释权归"名师"办公室。

从各种办法的字里行间不难看出三个词：功利、计划、行政。即：评选"名师"的动机是急功近利的短期行为，只能制造教师专业成长的泡沫；程序是事先计划好的，给你"名师"的名额就会有"名师"产生，各校当然争着要名额；在决定是否当选"名师"上，经过一些程序之后最终由行政部门决定。简而言之，它不是依据优秀教师内在成长和发展的规律，而是出于外在的、功利的需求。某个地方"需要""名师"时，"我要唱戏你来演个事先安排的角色，当然会给你甜头"的闹剧便会不断倾情上演。

断定"名师"是一条歧路，重要的依据是它可能产生的不良后果。

首先，它对学生成长真的有益吗？这种评选直接冲击正常教学。本来，教师做好教学工作的重要前提之一是了解学生，依据学生成长和发展的需要来组织、设计教学行为。不同学生的知识、能力、潜能各不相同，评价教师应该依据他的教育教学对学生产生的有效影响的大小来决定，而非教学成绩。仅依据教学成绩评价教师，使教师的教学脱离了学生的实际需求，不得不采取应试、填鸭、强迫式的教学方法来凸显教学业绩。这种评选造成了多地多校忙于作秀，忙于上公开课，忙于开会评比的恶劣现象。

其次，它对教师发展真的有益吗？现在的"名师"评选在价值上存在误区，很多教师追求"名"而忽视"实"，追求外在而忽视内在，目光盯着各种优胜的标准而非学生的成长与发展需要。依据现在流行的量化标准进行"名师"评选时，不仅有可能对一般的教师产生误导，也可能断送那些被评选出来的所谓"名师"的前途。因为他们大多还未达到"名师"的境界，还处在成长和发展之中，"名师"的光环使他们失去了成长和发展的自主性，断送了他们进一步发展的潜力。这样的评比让教师间关系恶化、协作困难，大大动摇了教师安身立命的根基，破坏了校园的教育氛围。

再次，被冠以"名师"的人经得起时间检验吗？"名师"的成长与发展是一个极为复杂的职业发展与生命成长的过程，而不是一个简单的量化教学成绩的过程。教学成绩的量化只是成为"名师"必备条件中的一部分，而且是表面的外在的部分。若评选"名师"流于表面，就会导致学校和教师把作秀般的公开课作为课堂教学改革的全部，把写论文作为教学研究的全部，把题海训练所得成绩作为教育的全部。这样做亵渎了"名师"的称号，不出数年，"名师"们便会原形毕露。

有些实地调查更让人吃惊。有些学校的"名师"只是工具，是漂亮的装饰品，只在领导检查考察时出现，在公开示范时出现，在校际活动时出现，在为学校争取资源时出现。也就是说，"名师"实际上很少或者干脆不从事教学工作。大量的教学工作由那些不出名的教师做，这些教师即便是做了实质性的优质工作，也不能名正言顺地得其名。简言之，"名师"已经异化了。

三、至善乃"良师"

中国基础教育正经历一个从数量增长转向质量提升的过程，在这一过程中，需要大量的优秀教师，而"名师工程"却将它引上了歧路，这与整个教育理念和管理体制直接相关，只有"悬崖勒马"的呼声是远远不够的。于是，我只能告诉那些有良心、有责任感的教师、教育工作管理者：摆脱对"名师"的盲目追求，做一名实实在在的"良师"。"良师"不只是一个目标，更是一个可供每个人自由探索的路径和广阔空间。

"良师"是相对的，对我来说是"良师"，对你而言未必是"良师"，所以师生互动互促互进的效果是评价"良师"的核心关键标准。"良师"是要通过实践来体现的，不能光凭静态的品行和能力评价就得出结论。真正的"良师"不仅学问高、能力强、品德好，他更了解学生，有为学生的成长与发展迎难而上的勇气，这样才有可能成为学生心中真正的"良师"。因此，只要教师潜心为学生的成长发展服务，即使有这样那样的不足，仍是"良师"；相对来讲，即使教师的各种素质过硬、有类似"名师"的荣誉称号，但心智却游离于学生之外，也不能算是"良师"。

一个人是否能成为"良师"，在于是否有对学生的爱与关注，这份爱与关注能唤醒教师的成长意识，激励教师不断前行；一个人是否能成为"良师"，在于是否能走进学生的内心世界，那里有众多让你百思不得其解的教育难题，求解的过程便是教师的成长过程；一个人是否能成为"良师"，在于他能否形成深厚的人生积淀。真正的"良师"，会通过理性的判断确立自己成长发展的路径，绝不外骛于一时的名利得失。

"名师"只是少数人的追求，而"良师"则应该是每位教师不辍追求的境界！

教育家的品质

一个时代是否有教育家是与两个方面相关的：一是这个时代是否需要教育家；二是这个时代是否具有产生教育家的环境。可以说任何时代都有具有教育家潜能和品质的人，但只有独立思考，并能依据其独立思考自主实行教育教学的人才能成为教育家。

从历史上看，凡是学人能够自主的时代，出现教育家的概率就高，学人不能自主的时代，就不会出现教育家。如果真的期望教育家出现，就要创造教师能够自主教学，学生能够自主学习的社会环境，否则就不可能出现真正的教育家，也不可能培养出杰出人才。

马寅初、梁漱溟、梅贻琦、胡适、晏阳初等，都是在当代发挥了重要作用的教育家。对于教育家的界定从词义上来说是较为复杂的，但从社会认同角度来说还是比较简单的，即获得较高社会认同的教育从业者。所以，教育家不能靠某个专家或某个机构来确认，而是要靠社会来认同，这也能说明不少被称为教育家的人其实还远非教育家。

除了外部认同，教育家必备的内部品质有：一是博爱之心，执著地爱学生、爱教育工作、爱人类未来的发展；二是独立思考和不懈求新，教育已经是数千年的专业工作，不能独立思考和创新的人是难以成为教育家的；三是有从事教育工作的专业潜质，能敏锐地发现教育问题，并以独特的思考和行为解决问题。有了这三种品质，就会在外部条件许可的情况下产生诸如教育思想、论著之类的结果。

能否称得上教育家，最根本的要看他是否在教人做人，能否依据学生不同的潜能、个性和志向培养出值得他自己崇拜的人。一个人的学业成绩仅仅是他成长发展的一个方面，学业成绩高并不一定就发展得好，教出考试成绩高的学生也不是成为教育家的垫脚石。就如同近30年来我们的学生中有不少得了国际奥林匹克奖，却未能成长为真正的数学家。在这方面陶行知有一段话很有针对性，他说："知情意三者并非从割裂的训练中可以获取。书本教育也许可以使儿童迅速地获得许多知识，神经质的教师也可以使儿童迅速地获得丰富的感情，专制的训练也许可以使一个人获得独断的意志，但是我们何所取于这样的知识，何所取于这样的感情，何所取于这样的意志？知情意的教育是整个的，统一的。知的教育不是灌输儿童死的知识，而是同时引起儿童应有的感情，主要的是追求真理的感情；在感情之调节启发中使儿童了解其意义与方法，便同时是知的教育；使养成追求真理的感情并能努力奉行，便同时是意志的教育。意志教育不是发扬个人盲目的意志，而是培养合于社会及历史发展的意志。合理的意志之培养和正确的知识教育不能分开，坚强的意志之获得和一定情况下的情绪激发与冷淡无从割裂。现在我们要求在统一的教育中培养儿童的知情意，启发其自觉，使其人格获得完备的发展。"坦率地说，现在不少学校的学生成绩就是以割裂的训练的方式获取的，仅此一点就说明这是在摧残人而非教育人。如果不能走出这个误区，教育家的出现就永远只能是梦想。

中外历史上所有的教育家的人生旅程都是历经波折、艰难求索的过程；他们虽然没有自称是教育家，但他们都在青年时期就有高远的志向，如孔子"十有五志于学"、陶行知"要让每个中国人都受到教育"，这都是普通而又高远的追求。为了实现这一人生目标，他们不畏权势、不为名利，"捧着一颗心来，不带半根草去"，贫贱不移、富贵不淫、威武不屈、美人不动。教育家的出现需要"尊道抑势"、以人类为己任的大胸怀的人终生不辍地求索和行动。

教育家群体的出现需要有其社会条件，但我不认为是什么规律。这种社会条件往往不是一个人、一个机构、一个政策所能改变和创造的。所以不能寄希望于探索出什么道道或路径就能出现更多的教育家。

另一方面，从现实状况看，教师的自主性和创造性未能得到充分发挥的确是现有教育管理体制的缺陷。改变现有体制，使更多的人能遵循教育的内在规律更高效地工作，这确实是目前应该尽快解决的实际问题。

骨干人才未必按照计划的方式成长

《中国教育报》2015 年 4 月 15 日刊发了《少数民族"骨干计划"研究生违约现象调查》，揭示了自 2006 年该计划首次招生以来，不少"骨干计划"毕业生宁愿付出高额违约金的代价，也要违反入学时签的协议不回生源地就业的现象。这些事实说明计划的方式可以在一定范围内解决问题，但却存在明显的缺陷。

不少人从这些学生的行为是否违背他们当初的承诺的角度作出评论，仅这样看或许还有些局部孤立倾向，缺少对"计划"本身的反思。对人才的计划培养方式来源于过去六十多年来政府包揽教育的基本假定，曾经实行了比较长时间的大学毕业生包分配的制度就是基于这一假定，"骨干计划"、曾经实行的定向招生和定向培养计划则是较小范围内"包揽"逻辑的实施。这些案例表明，对"计划"超出其范围的使用不只是无效，而且有损"计划"的信誉。

在计划方式下，当然会有一些人履约回到生源地就业，而违约现象的深层原因在于人才成长逻辑与计划逻辑之间的冲突。人成长的一个基本特性是发展变化，而计划的基本特性是希望保持不变，当变化超越了不变的约束范围就很难保证协议履行；宏观的社会资源配置较多的地方依据市场的逻辑配置人才，而在人才相对紧缺的民族地区却要使用计划的方式配置人才，当微观的计划与宏观的市场规则差距太大，便很难保证协议的履行。这两重矛盾会以各种方式在招生、培养、就业等方面表现出来，一些列入"骨干计划"的学生在招生环节存在隐性"不公平交易"、就学阶段的懈怠以及被别人贴标签的憋屈都是具体的表现，它们会在就业时爆发为违背协议的行为。

通常讲的协议当然是在双方完全平等自愿基础上签订的，根据权利与义务对等的原则，协议本身旨在维护平等和秩序，而不在于庇护任何可能存在的不平等。在"骨干计划"中，以少数民族学生报考研究生可以享受降分录取和学费减免等优惠待遇要求学生毕业后回生源地服务数年。而现实中很多学生报考"骨干计划"的时候需急迫解决的问题是录取，希望可以用更低的分数进入更好的大学，获得对农村生源家庭而言可观的学费减免；毕业的时候又优先考虑的是到一个发展空间较大的岗位工作。当人们谴责签署协议的一方——学生怀着投机心态报考的时候，不曾想过签署协议的另一方同样怀着投机心态，希望以能否录取迫使学生到民族地区去工作。对那些抱着"走一步算一步"的观望心态的学生，这恰恰为他们提供了可投之机。

要想更好地解决这一问题，需要订立协议的双方都消除投机心态，总体上需要依据人的成长发展的基本特征设置一种引导人才到民族地区工作的机制。现实的路径是在入学环节，以专业的方式为所有考生提供平等的机会，在评价考生学习能力和学业成绩的时候考虑到他们的学习条件和环境之间的差别，对符合录取条件的家庭贫困学生，该给予资助就给予资助，这样就消除了录取环节的投机机会。

在就业环节，对中西部欠发达地区少数民族的支持也不能仅仅以沙滩上栽花的方式照应几个硕士博士，这样会引发各方面的不平衡和矛盾，而应整体提高当地各类人才的地位和待遇，整体改善民族地区就业环境，为各类毕业生创造成长和发展的更好平台，使得有相对数量的学生感到回到民族地区工作也是一种可以考虑的选择。

只有民族地区整体的工作环境改善了，毕业生才有回得去、留得住、用得上的更大的可能性。也就是说，消除计划和强制思维，在这样的基础上，再招选那些真诚的志愿者。在民族地区人才吸引的整体布局中，即便有"骨干计划"这样的设计，它也只是整体中的一部分，当整体环境没有改善，或者在一些地区甚至是无意去改善的时候，"计划"落实被打折扣也就不难想象了。

简而言之，真正在民族地区为青年人提供了更多更好的发展机会，切实解决他们的地位、待遇、基本生活安排、发展机会等难题，就会有青年人生志向与民族地区发展需求更大的交叉区域，就不必担心没人去工作。

真实的老师更可爱

北京桂馨慈善基金会秘书长打电话要我去看他们拍摄的电视片《老师》，那是他们去甘肃、四川、贵州、湖南、山西等地采访几十位乡村教师后剪切出来的感人片段。

这些场景其实是我十分熟悉的，从 1983 年开始做"扫地式"的教育实地调查，就常到镜头中的那些学校，常与镜头中的这些老师打交道。但那天看《老师》，依然很感动，以至止不住泪水涌出，涕淋流下。

也许能看专题片《老师》的人太少了，于是他们又将朴实无华且非常感人的访谈内容编成一本名为《老师》的书，并要我写点文字，我欣然答应了。

首先，我长期从事实地调查，作为一个见证人，我想说本书所记内容是当下中国社会底层中真实的教师的故事。他们没有历史典籍中所载"天地君亲师"的那种尊严和地位，没有"太阳底下最高贵的职业"的尊贵，没有时下电视或报纸上宣传老师时所描写的那种光鲜。他们很多人最初的出发点仅仅是养家活口，做着做着便成为被牺牲者，于是也就被崇高，甚至他们本应获得的劳动报酬也被低微，继之他们当中的一些人坚守不渝，成为当今社会真正的崇高者。书中所写并非英雄事迹，仅是当今中国基层乡村生活的真实，是乡村老师生活的真实，然而它们往往被铺天盖地的"书面繁荣""荧屏繁荣"掩盖，以致多数人看不到这些真实的老师。

接着，我想说一句公道话。如果说当代教师还有精神脊梁的话，那肯定不是常常在公众面前表演的那些人，也未必是那些获得诸多荣誉的人，这种精神脊梁之根就是那些扎根乡土草根社会的教师们，就是那些从事教师工作却未能获得政府与社会所给予的教师应得的回报的那些人。说这句话的时候我心里有些矛盾，一方面我不想把他们推上祭坛，真心希望政府与社会能承认他们的工作，给予他们应得的回报，让他们能过上他们应有的体面生活；另一方面，在二十余年对他们进行调查，为他们呐喊、呼吁的过程中，在解决他们同工同酬、职称、保险、生活保障、教师名分的一点点问题上，总是屡败屡战，屡战屡败，似乎这个时代就注定要让他们受到苦其心志、劳其筋骨、饿其体肤、空乏其身的磨炼，要降大任于斯人也。众多乡村老师，长年生活工作在简陋贫困的环境中，过着艰苦的生活，拿着微薄的工资，做着确保国民素质的基础性工作，默默无闻地将青春和岁月献给了乡村，献给了农村孩子们。乡村教师中，曾经有数以千万计的民办与代课教师因身份问题而长期受到不公正对待，至今仍有不少老民办和代课教师老无所养，病无所医，生活无保障。

中国城市化进程中，还要不要乡村与乡村教育？对这个问题的迷惑至今未解，于是很多偏僻地区的教育与都市教育形成日益增大的反差，乡村居民成为这一反差的牺牲者。他们的子女要承担更高的教育成本，到更远的地方去上学。学生在接受了九年义务教育后基本都继续升学或外出打工，不再留在家乡，乡村成为留守老人和留守儿童的栖息地；受过教育并构成乡村政治主要力量的中青年都远离家乡，乡村成为不断被"抽血机"抽吸后的"肉松"。

也正因为此，真实的老师有一份无言的大爱，也值得整个人类去爱他们。朴实、勤劳、坚守、担当、善良和爱心，正是今天之中国社会严重缺失的东西，而在他们那里却很丰富。《老师》一书不只值得与教育相关的人读一读，更值得一般公众一读，因为它反映的是当下社会生态的一个环节，客观上它与每个在当下社会中生活的人直接关联，它反映的是我们身边是否还有公平、公正，我们身边人与人之间是怎样的一种关系，我们身边民众与政府是怎样的一种关系，我们身边人们的价值取向如何。真实、完整的乡村教师生活状况，折射出当今社会心态的浮躁、急功近利的盛行、传统文化的断裂。

既然如此，改变乡村教师和乡村教育的状况也就不只与某个特定的人相关，政府当然要承担主要责任，其他人也不应成为旁观者，有权者当用好其权，有钱者可出点钱，即便您无权无钱无靠山，也当尽言说之责，将真实状况公之于众，任何人都可为解决这一问题尽上自己的一份心。

绩效工资不能成为"官效工资"

中小学绩效工资在各地实施以来，在一些地方和学校，确实对激发教师积极性产生了良好的效果。但同时也要看到，不少地方和学校在教师绩效工资的发放上，产生了不少问题，不只挫伤了大量教师的工作积极性，伤害了教师间的关系和情感，恶化了学校的教育氛围，还给当下及今后的教育工作留下了深层的内伤，并扩散影响到学生身上，甚至有学校教师将当地教育局告上法庭。

现有绩效工资发放中的主要问题是绩效工资无形中成为"官效工资"。产生这一现象的根源在于现有的学校管理过度行政化，行政权力挤压了专业权利和教师的基本权利。正因为此，解决这一问题不能再寄希望于对绩效工资的"官方解释"，而是要充分尊重一线教师的权利，提升学校的专业权利，发展校内民主，实行程序公开。

实行绩效工资的初衷是提高教师待遇，同时提高办教育的效率。然而这个制度在设计过程中没有充分考虑到，评价教育的绩效是一件很困难的事。教育工作者的绩效，尤其是义务阶段的教育工作者的绩效，实际上是一个很复杂的东西。教育的绩效具有长期性、团体性、隐蔽性的特点。在某个学期或者某个学年结束之后就评定某个教师的绩效，是不准确的，教师对孩子的影响如何，需要较长的时间才能见分晓。教育的绩效也不是某一个人的功劳，通常是一个教学团队合作的效果。

若一定要在短期内评价，最多能评价"绩"，根本不可能评价"效"，于是就只能看考试分数。而现实中生源比较好的班级，成绩自然就好。考高分的学校和班级的任课教师，往往是以将教学比较困难的任务推给那些难以提高分数的学校和班级为条件的，这就导致大多数教师被置于费力不讨好的位置，绝大多数学生因此而被抛弃。仅仅依据分数的绩效是不公平的。此外，在绩效评定中，有些是显性因素，比如分数和升学率等，但更多的是隐性因素，比如品德和个性发展，都很难评价。但事实上，这些因素对学生和社会的长期发展更为重要。若一定要用具体的标准来衡量，只能促使被评价者违背教育规律，急功近利迎合评价标准，损伤学生的长远发展。

绩效工资之所以在一些地方成了"官效工资"，实际上不是绩效工资本身的问题，而是学校管理的问题，问题的根本在于谁掌握这个绩效的评价权力，如何评价绩效。现有的情况下，学校的管理还是行政科层的复制，比较多的还是行政人员掌握这绩效评价的权力，教师本身很少或者完全没有发言权，这是导致绩效评价过程中出现问题的根本原因。

因此，真正要把绩效工资实施好，不只是一个工资问题，不只是一个对老师怎样评价的问题，还是学校怎么管理的问题。在学校的管理工作中，教师本当有知情权、参与权、表达权、监督权，现在大部分绩效工资出现问题的原因在于学校管理不恰当，教师应该有的这些权利没有享有，教师应该知道的情况不知道，教师应该提的意见没地方可提，造成一些学校因绩效工资而长期处于"冷战"状态，严重影响了教学工作。

要解决绩效工资留下的负面影响，各地教育部门应该对绩效工资作整体性的、比较客观和真实的评估，然后作出判断：哪些办法对教育和教师有积极作用，哪些具有消极负面的作用，影响了该地教育的发展。总体上，义务教育阶段的教师工资评定，应该采取一些简单的办法，不要把它弄得太复杂。在绩效工资落实不如意的情况下，还不如根据简单的工资评定办法，比如按职级与工作量等这些认可度高的要素来评定。在更加准确评价教师绩效的同时，要让专业教师成为绩效评价的主力，而不是简单地由行政人员来评价绩效，更不该仅仅依据行政级别来发绩效工资，不能简单化为校长拿大头。

事实上，一些学校在这方面就做得比较好。例如，有的学校采取了校长与所有行政人员拿教师绩效工资平均数的办法，校长解释了这样做的道理：行政级别已经在基本工资中有所体现，如果学校工作做得好，行政人员有功；如果做得不好，也是有责任的。所以拿平均数是大家应该认可的。深圳市南山区华侨城小学更是摸索出一套完全通过民主方法产生，而且解决了各个层面矛盾的比较成熟的做法，这说明，解决这一问题的难点，在于一些行政人员愿不愿意在不当所得面前让步。

以上仅是从技术层面解决问题的办法，若要使绩效工资真正发挥提升教育绩效的作用，就不能就工资论工资，就绩效论绩效，而需要大力推进学校内部管理改革，让学校成为教师乐于安身立命的精神家园。因此，解决绩效工资遗留问题需要推进学校管理变革，这也是完善学校管理的重要契机。

绩效工资改革所出现的问题，正是当前学校管理制度的落后所引发的，其根本之道，在改变现行学校管理模式。这种改变主要体现在以下方面：

首先，要尊重教师的民主意识，维护教师参与学校管理的正当权利，让教师感到自己是学校的主人而非仅仅是雇工，这样才能使教师的自觉性、积极性、创造性得到充分发挥。用人性化的管理，让教师们焕发出更多的激情和更大的活力，才能最大限度提高教育工作的绩效。压制教师，由行政一言堂的学校管理，不可能获得真正的绩效。

其次，要建立学校民主管理的组织和规范。世界上多数国家都设有学校专家委员会、教师委员会和家长委员会等重要的基本机构，以平衡办学者、教育者、受教育者的权利与责任，使办学不受权势的干扰，学校管理工作照章有序。各校应根据自身实际，建立行政、教师、社会等多方意见和权利表达机制，明确议事和决策规程，有效推进学校工作。

最后，不改进现行学校管理，任何教育改革的良策都是徒劳的。因此，各地要以建立现代学校制度为基本目标，积极支持学校的内部管理改革，并将它作为评价当地教育发展的一条重要考核指标。

让教师做学校的主人，创造真正民主的学校，不让教师因此而放弃教育，不让学生因此而放弃学习，这样做最大的受益者将是孩子们。

自主性是教师素质提升最有效的激励

　　自从教师资格制度启动后，各地就开展了比较规范的定期教师培训；新课程改革将教师培训推向高潮，取得了很大的成绩；《国家中长期教育改革与发展规划纲要》（以下简称《规划纲要》）提出建设高素质教师队伍的目标，对教师培训提出了更高的要求。

　　如何实现这一目标？从《规划纲要》的文本看，措施包括：创造有利条件，鼓励教师和校长在实践中大胆探索，创新教育思想、教育模式和教育方法，形成教学特色和办学风格，造就一批教育家；完善培养培训体系，做好培养培训规划，优化队伍结构，提高教师专业水平和教学能力；通过研修培训、学术交流、项目资助等方式，培养教育教学骨干、"双师型"教师、学术带头人和校长，造就一批教学名师和学科领军人才；加强师德建设；提高教师的地位与待遇；健全教师管理制度。这些措施都是一般情况下提升教师素质所必须具备的条件。

　　仅仅有了这些一般条件，还不能在全国范围内有效提升教师的素质。依据本人在各地调查的情况看，长期以来影响高素质人才进入教师队伍，以及教师素质不能广泛持续提高的关键因素是教师的自主性受到严重束缚。

　　如何定位教师是决定教育发展状况的极为重要的因素，也是决定整个社会和人的发展状况的主要因素。从教师的内在特性看，教师都属于知识分子，即中国传统所说的"士"，他们应该是关心身处的社会的独立思考者和批判者。

　　教师理应是"士"，"士"的特性是崇尚和追求思想自由、学术民主，这本身是缘于教师劳动特性的天然要求。没有自由、民主的政治和社会环境，教师就无法进行自主的劳动，就不可能不受干扰地进行独立思考和创造性钻研，因而也就不可能产生具有创意的成果，自身素质就无法得到有效提升；作为教师，也不可能以禁锢之身躯培养出具有独创精神的人才。因此，自主性是教师安身立命的基础。

由于在相当长的一段时间里，将自由、民主作为资产阶级的思想加以清除，导致中国教师多数难以成为真正意义上的"士"，甚至难以将真话说出来；另一方面，知识的商品化，生活的世俗化，社会开放不足，以及生存环境、活动空间等诸多因素的限制，使得教师面临着来自各个方面的压力和考验，受到来自各方面的诱惑和驱使。因此，以独立的姿态，对社会问题长期保持"独立之精神，自由之思想"者显得极为稀少。

在一个教师难以自主工作的社会里，人才就难以得到健康成长，国家就不会获得长久的发展，花再多的钱，提出再严格的要求对教师进行培训也只能是国外教育管理者所说的"人工授精"。

正因为此，教师自主性是世界各国教育理论与实践长期研究的主要课题，Porter（1989 年）指出，教学更好的秘诀是教师有更高的自主性。Fox（1985）把个体自主性看作教师学校内因技术发展而引起的变化的先决条件，并且具有较高自主性的教师更愿意迎接和支持这些变化。大量研究表明，教师自主性是影响教学质量和学校组织效率的重要因素。

具有较高自主性的教师，就会唤醒自己主动发展的意识，将自己的专业成长发展纳入自己的职业生涯规划，自觉地寻找新的内容、新的方法改善自己的教学；缺乏自主性的教师，只能在利益或外界要求的驱动下接受被动的培训，这种培训本身必然是低效的。正因为此，在建设高素质教师队伍过程中，最为关键的是发挥教师的自主性，教师自主性确立是提高素质的先决条件。

教师自主性的发展可以通过对专业的反思、探究性实践和行动研究来实现，而更重要的在于必须改革学校管理体制，提高教师的参与权、知情权、表达权、监督权，充分尊重教师的个性，使教师真正感到学校可以成为安身立命的地方，而不仅仅是提供饭碗和打工的场所。

制度再严，培训再多，福利再高，如果不能进行体现"以人为本"的教师自主性管理，教师队伍素质的提高永远都只能是十分有限的。

关于解决代课教师（含尚未转正老民办教师）问题的建议

代课教师（含尚未转正老民办教师）是一个历史遗留问题，属于义务教育欠债范畴。

20世纪50年代即有代课教师，当时代课教师和民办教师没有严格的区分，50年代后期对这两种用人形式逐渐加以区分，80年代后两者分别进一步明晰。《教师法》第31条将民办教师界定为"国家补助、集体支付工资的中小学教师"，而代课教师工资主要来源于财政而非集体，民办教师一般持有县级颁发的民师证，代课教师则无此证。1986年对民办教师实行"关、转、招、辞、退"的政策后，一些地方公办教师派不进、留不住，导致老少边山穷地区教师缺编，为维持正常教学，只能使用代课教师，这些代课教师当中就有一部分是原来的民办教师。从这个角度说，代课教师与民办教师虽然名称不同，但它确实是当年解决民办教师政策不能较好适合实际情况，不能满足教育实际需要所留下的"尾巴"，属于同一个问题。当时解决民办教师问题的政策立足于当时所存在的民办教师本身，而没有立足于如何满足教育的实际需要，如何从管理制度设计上解决民办教师产生和存在的问题。

代课教师（含尚未转正老民办教师）属于义务教育欠债范畴，因为当时聘用民办教师和后来使用代课教师主要是由于当时当地政府教育投入不足，难以及时足额支付教师的工资所采取的变通方法。代课教师（含尚未转正老民办教师）为普及义务教育作出了重要贡献，但限于当时的条件支付给他们的工资过低，未能为他们办理养老保险，事实上政府与已被辞退的代课教师和尚未转正老民办教师之间存在隐性欠债。现在清理化解农村"普九"债务工作当中也应该将这一问题列入政府已经启动的工作范围。现在启动的清理化解"普九"债务工作仅包括资金欠债是不完全的，欠了那么多老民办和代课人员的工资也应该纳入清欠范围，将代课教师（含尚未转正老民办教师）的工资欠账纳入清理化解农村"普九"债务工作是符合清理化解农村"普九"债务工作的基本精神的，即"科学发展观要求以人为本，实现好、维护好、发展好最广大人民的根本利益；要求统筹城乡发展，把'三农'工作作为全党工作的重中之重；要求缩小城乡之间、区域之间公共服务的差距，优先发展教育，办好人民满意的教育。优先化解农村义务教育'普九'债务，是深化农村综合改革的重要内容，是贯彻落实科学发展观的具体体现"（摘自财政部前部长谢旭人在全国清理化解农村义务教育"普九"债务试点工作电视电话会议上的讲话），代课教师和已被清退的老民办教师是当前最无助又确实最需要帮助的人群。

代课教师由于其身份既是教师，又是农民，国家已有的相关福利政策没有覆盖到他们，依据现有情况提出以下解决问题的建议：

第一，将代课教师问题列入清理化解农村义务教育"普九"债务工作范围。对已经被清退的代课教师（含尚未转正老民办教师），依据其任教年限由财政一次性给予经济补偿，并由政府出资为他们办理养老保险。

第二，在现有教师聘任制度基础上建立短期教师聘用制度，并出台相关政策，定岗招聘。现有教师聘用制度的前提假设是某一地区的教师需求数量与结构是恒定的。而事实上生源增减、职业教育因应人才市场的需求聘用专业课教师、教育结构与层次的发展与调整、保持教师的学科与层次均衡、保持教师队伍适度的更新、保持特定情况特定环境特定背景的特定教学岗位的人员需求，都使得教师的需求在某一地区是随时间而发生变化的。因应这种变化就需要一定数量特殊专业与经验背景的短期教师，建立教育与社会其他行业的人力资源共享与交流机制。经考核合格的人员，可本着平等自愿的原则与相应的学校签订为期一至三年的劳动合同而成为短期聘用教师，学校对短期聘用教师必须与同职级的正式教师同工同酬对待，实行合同管理。教育管理部门在管理权限、聘用资格、合同内容、待遇保障、经费渠道、权益义务等方面建立起相应的规章制度。

第三，采用公开、透明、取其可用的原则逐步解决现在岗的代课教师问题。目前已有政策文件对代课教师一直采取"坚决清退"（教人〔1992〕41号）的政策，或称之为"堵""清""规"。然而实践表明这一政策在执行中不仅难度较大，在城镇中学和部分经济发达地区反而出现代课教师数量上的反弹，这说明代课教师这种特殊群体的存在有其更为深刻的社会原因，也与现行教师聘任制度的单一性与不完善性不能较好地满足教师聘用的实际需要直接相关。如果继续目前简单的"坚决清退"政策，只会导致"地下"代课教师长期存在而失去控制；应根据各地的实际需要，让问题现于明处，"疏导"与"规范"并举，采用公开、透明的方式，针对合格的、特殊环境与岗位必须用的现有代课教师建立短期教师聘用制度，由学校和教师双方本着"平等自愿、限期签约"的原则签订劳动合同，明确双方的责任、义务、权益和待遇，实行聘用制和合同管理，杜绝低工资私下聘用；同时坚决清退不合格代课教师。这样规范化的管理既避免了代课教师最终演变成以前有过的民办教师问题，又满足了一些学校因各种原因对短期教师的需求。

第四，开通师范学校定向招收优秀代课教师的渠道。让优秀的代课教师通过考试选拔，接受学历教育后，仍回原地原岗位继续从事教学工作，但其身份由此转换为公办教师（不适用于近年毕业的大中专毕业生）。

第五，建立教师离岗身份限期中止制度。依据现有教师人事制度，教师离岗仍可保留教师身份。这就使得大批教师不在岗却占用教师编制，阻止了引进新的教师。因此必须在制度上明确教师不是自然终身制，一旦你离岗超过一定时间，教师身份、编制就自然失效。

以上分析和建议，不当之处，请各位指正。

教师节的最好礼物是尊重

教师节临近，不少家长又为教师节是否给老师送礼、如何送礼而烦恼。

调查显示，在城镇学校六成家长曾在教师节送礼，以幼儿园和小学家长为主；名校送礼的多于一般学校；城市学校送礼的多于乡村学校；家庭条件好的家长送礼的多于家庭条件一般的家长；中小学生送礼的多于高中和大学生。

于是乎，是否送礼不只显现出是否尊师，还显现出社会的不均衡和不公平。更有甚者，送礼首选是送购物卡，有的家长很有钱，家里车子多，也会给老师送汽车。

当某位老师接受某位家长送的汽车后，这份大约相当于他一年或数年工资的礼品，是否还能让他保持作为教师所应有的公正和独立的人格呢？现实中不少事例表明，做到这点很难。当礼品改变了教师本应有的品行，或使教师成为礼品的奴役，成为利禄中人，这样的礼对谁来说都说不上好。

于是，一些地方教育行政部门下了一道禁令，所有的老师都不能接受礼物。这样的禁令虽然能解决一些问题，却带来了新的问题。"礼"最原本的含义即是从内心发出的对人的敬意，后来才演变为相互之间问候、点头、握手之类的礼仪，再后来演变为互赠物品的送礼。不准送礼，当然还可以行礼。在不少教师看来，哪怕学生们在教师节送上一句真诚简单的问候，都会很开心的。但毕竟不送礼就少了一种表达敬意的方式，完全不许送礼必然限制充分表达敬意的方式；若是真诚的敬意，就不应限制其表达。事实上，大约有 30% 的学生在节日到来之际，会自己制作一些小礼品送给老师表达心意，这也是一种比较好的方式。

这样一说，不少人可能又迷惑了，你到底主不主张送礼？

简单地说，当礼作为一种表达尊敬的真实载体，就应该送，它本身也是对学生和教师的一种必不可少的教育方式；当礼作为功利的表达时，不仅不能送，也不能收。那么如何划分这个界限呢？要从技术上划条界线是不可能的，因而一刀切的不准送礼的禁令是滑稽的。但中国有句古话：礼轻情义重。真正表达情感的礼物不在于有多贵重，不在于他有多大的功利价值，而在于它确实是授受双方理想而有意义的媒介。老师喜欢保留的也是那些有纪念意义的礼品。

以功利之心给教师送礼，本质上是通过礼品收买教师，让教师成为自己的工具，是对教师最大的不尊重和不理解。或许真有教师愿意接受这样的家长礼品，但绝大多数教师是洁身自好的，是不愿出卖自己的独立性的。

检验一个人的送礼是否功利，多数情况在当下就能准确判断。也有当下难以判断的，但时间足以证明；如果热情的送礼者当下是百般"真诚"，事后便杳无消息，一切也都很明了；如果学生毕业后数年还惦记着老师，那才是真实的真诚。

一些家长认为送礼给教师，就是希望老师能给自己孩子较其他孩子更多的关照，更多的锻炼和发展机会。这种想法是朴素的，也是真诚的，却是违背教师伦理的；而那些希望能够通过送礼在学习机会、评三好生、推优等重要问题上给孩子"铺路"就更加离谱了，这些都是让教师为难的做法。事实上，即便某个孩子从未给教师送礼，只要他的学业和各方面表现不错，一般的教师都会由衷地喜爱他，并给他足够的关注和发展机会。那些希望送礼换得一点孩子"特殊待遇"的家长，也许事实上得到的是孩子因未受到应得的惩罚而阻碍自身发展的不利影响。

更有一些家长，要占用教师的时间请教师吃饭、喝茶，强行要教师收下不宜收、不想收下的礼物，或说"你不收下我就不走"，"你收下来，我才能安心"，事实上暗含着对教师的强制，这也是对教师的不尊重。

对于那些从不对教师表示什么的人，如果是限于经济或其他条件，是可以理解的；如果是有意为之，则表明对教师事实上并无尊重之意，这本身并非什么好风气，至少与广泛提倡的尊师重教相悖。在教师节来到之际，向老师问个好应该是每个人都可以做到，也应该做到的。

简言之，教师节送给教师最好的礼物是尊重。

这点不只限于家长和学生，也适用于全社会，尤其是政府职员更应该如此。时常见到一些地方，为了庆贺教师节，将教师召集起来听领导讲话，要求教师参加他们不愿参加的集会；让本就不愿看电影的教师花时间去看电影；说是看望老师，却要教师等待很久。这些都是对教师不够尊重的做法。政府和社会在教师节给教师最好的礼物也是尊重，最重要的是尊重教师的自主，应努力营造尊师重教的氛围，提高教师地位，保障教师权益，并引导学生和家长用恰当的方式尊重老师。

由于社会越来越功利化，一些老师可能并不赞成最好的礼物是尊重的观点，他们或许认为送礼是"最实惠"的"尊重"。因而没有规则地收受礼物反倒滋生出一种"成就感"，尤其是一些知名学校的知名教师、班主任。古今中外的大量事实表明，这是一条远离神圣、沦为钱权工具的不归之路。

曾有一位学生在作业本上写道："今天是教师节，我希望用我出色的作业作为送给您的教师节礼物。"这又何尝不是恰到好处的礼物呢？对老师来说，师生之间的情意与金钱无关，与真诚有关。

"人人有良师"需要政府担起责任

人人都希望获得优质教育，优质教育最关键的前提是有优良的教师。有了优良的教师，其他方面的条件相对弱一点，对于教育品质来说并无太大的影响，没有良师，其他条件再花哨都等于零。一个典型的例证是，曾经有所仅仅是在一棵树上挂块黑板的小学，由于老师的优秀，培养出了数十名优秀学生，而如今不少漂亮的农村校舍却因教师力量不足而招不到学生。

在相当长的时期里，各地都没有对教师队伍建设给予足够的重视，以致当前中国教师的状况可简单概括为：城镇学校教师超编，乡村学校缺少教师，普通学校缺少良师。每个学生遇到良师的机会不均等，绝大多数学生难以遇到良师。

从全国情况看，教师整体素质的问题还十分严重。就义务教育阶段而言，全国绝大多数学校的教师配备不齐，或存在某些学科的跛腿现象；教学生"学会"的教师多一些，教学生"会学"的教师相对来说太少了；不少教师分析知识尚能到位，研究学生远远不够，难以依据学生成长发展的实际需求进行教学；大量教师不能依据自己的教学经历进行反思，不会自主成长。

教师业务提升面临的最大障碍是对教师的评价标准过于单一、僵化，唯学生的考分是瞻。现在分数不仅成为学生的命根，也成了老师的命根。这不仅摧毁了学生，也摧毁了教师，在这种评价机制下，几乎不可能出现真正优秀的教师。

令人担忧的是，依据麦可思的就业调查，近几年普通师范院校的学生就业率不高，就业难度较大，这点与实地调查相一致，大量师范院校的毕业生因不能进入教师编制而改找其他工作，或成为新的代课教师。同时，在招生上不少高校遭遇"零投档"或"低投档"，其中就有办学实力不强的师范类学校，这预示着未来教师问题将更加严峻。

为最基层、最一般学校培养教师的地方——师范院校的发展机会目前正受到强力挤压，一方面毕业生找不到工作，另一方面招生遭冷遇。很少有学生愿意报考师范院校，很少有家长愿意孩子上师范院校，大家却都希望自己的孩子有好的老师教，怎样才能解开这个结呢？

关键的因素有两个：一个是切实提高教师的待遇和地位；另一个是对教师实行符合教育工作特性的管理。这两个问题解决后，优秀的人才就会因感到学校是一个可以安身立命的地方而到学校工作。留住了优秀人才，教育的其他各种问题就会迎刃而解。

教师问题的最终解决需要政府担当起责任。一是使教师确实成为令人羡慕的职业。消除教师待遇不均、不合理现象，不能在城里学校拿钱多，在农村学校拿的钱却少，对去艰苦地区工作，付出更多的教师要给予更高的回报。二是要尊重教师的道德自主性和专业成长发展自主性。教师不能仅仅是被他人牵线的道德木偶，也不能仅仅满足于外部政府机构统一的强力要求，要保障教师道德选择和业务进修的自主选择权。三是在学校实行民主管理。这个问题不解决，就没有优秀的人才愿意到学校工作，也很难提升教师的素质。现行的教师管理方式使得教师自认为是帮校长打工的，他们会很现实地看重工资、福利、职称等因素，品德很难崇高起来，教师队伍的整体素质和职业道德因此也无望提升。四是要彻底摒弃仅仅以学生的考分评价教师的做法，逐渐建立教师内部认同的行业评价机制。

解决当前尤为突出的农村教师问题，更加需要政府担起责任。表面上看，农村学校面临的仅仅只是没人愿意去工作的问题，但实际上，这可以拆分为三个问题：一是政府没有真正重视，过于强调编制，造成城里超编，乡村缺编，乡村需要新教师被编制卡住不能上岗。对此，政府需要变通措施，定岗招人，并提高乡村在岗教师的待遇。二是由于师范院校毕业的学生长期不能入编当教师，影响了这些学校毕业生的就业，导致越来越多的原本培养乡村教师的师范院校改变培养方向，乡村教师的来源更加无法得到保障。即便还有一些师范院校设有师范专业，却大都在实习环节不过关，难以培养出真正胜任农村教师的毕业生。对此，各级政府不能唱高调，要面对现实，解决好地方师范院校面临的困难。三是乡村学校自身越来越封闭，少数有志于乡村工作的毕业生工作一段时间后也打起了退堂鼓。农村不仅存在管理问题，还存在工作后缺少专业提升机会的问题、交友问题等等。对此，地方政府、师范院校、乡村学校三方面需要形成合作机制，建立"师范院校负责培养，地方政府给通道，乡村学校建平台"的乡村师资保障机制，以有效解决这一问题。

现行教师评价和管理体制，客观上造成城乡之间教师待遇和社会地位存在较大差距，农村教师补充不足，专业成长机会与条件缺失，难以获得成就感，农村学校难以成为教师真正安身立命之地。现行农村学校管理模式成为阻碍教师进入、留下、发挥作用、成长发展的制度障碍。必须建立并完善乡村教师津贴制度，同时继续办好农村师范学校，特别是要正视中西部五年制专科师范学校办学现实，对这些学校予以认可并给予支持，扩大免费师范生的实施范围，以吸引和培养优秀人才立志从事乡村教育。同时在现有教师聘任制度基础上建立短期教师聘用制度，并出台相关政策，定岗招聘。

建立能够集聚优秀人才，而非疏离优秀人才的教师评价与管理体制，刻不容缓。

乡村教师需更系统实在的激励

　　浙江省政府下发的《浙江省乡村教师支持计划（2015—2020年）实施办法》提出，统一城乡教职工编制标准，实行教师经费补贴等福利政策。其中一项新的举措是鼓励有需要且有条件的地方，对于到乡村学校从教的高校毕业生，实行上岗退费政策，即大学毕业生到农村从教，可按一定的学费标准，本科生连续退费4年，专科生连续退费3年。对于到乡村学校支教一学年及以上的退休或已完成交流任务的特级教师、高级职称教师，各地可给予每人每年2万元的工作经费。

　　乡村教师"下不去、留不住、教不好"等突出问题已经存在较长一段时间，为此国务院办公厅印发了《乡村教师支持计划（2015—2020年）》。其中就规定，高校毕业生取得教师资格并到乡村学校任教一定期限，按有关规定享受学费补偿和国家助学贷款代偿政策。浙江此举算是根据本省实际，把国务院的这一政策落实到位。

　　其实，除北京、广东以外，各省市自治区已先后发布了乡村教师支持计划实施办法，浙江是发布较晚的。然而，发文不是目的，解决乡村教师问题的关键要看执行。依据实地调查，当下一些地方乡村教师的状况仅靠支持计划的力度，尚难以彻底改观，还需要彻底实现城乡居民教育权利的平等，改善教师的管理与评价，同时更为系统、实在地激励乡村教师。

　　像浙江这样的发达地区，城乡差别不像中西部地区那么大，乡村教师的收入本就不低，一年退还的4000元左右学费（折合每月三四百元钱）对一些家庭条件不宽裕、积极寻求独立生活的青年人来说，确实能形成一定激励，但对于部分大学毕业生而言，意义并不大。

那么，如何补偿乡村教师才算合适？虽然中央政府有计划，各省市自治区也制定了实施办法，但这些都过于原则化，还需依据当地实际，按照能否"下得去、留得住、教得好"的标准，采取更为积极、灵活的措施。县里财政给予支持，乡镇再支持一些，民间组织机构和个人也可参与进来，共同攻克乡村教师的难题。浙江淳安临岐镇就采取了这样的方式，除了县里对16所位置相对更偏远的乡村学校老师每月发农村特岗津贴1000元，临岐镇小的老师每人每月还能拿到500元的农村特岗津贴，也可以入住学校附近的教师公寓。

激励乡村教师，除了经济杠杆，还要有系统举措。不少地方比较多地考虑了激励新入职的青年教师，也考虑了用经费吸引优秀的退休教师，但对于一般乡村教师的激励力度显得不够，在一些地方甚至出现"招来女婿，气走儿子"的现象，挫伤了原有教师的积极性。事实上，这些教师中有不少是当年积极献身乡村教育的青年大学生，现在如何对待他们预示着将来怎样对待那些今天用上岗退费政策招来的大学生。假如不能系统解决好他们的问题，就不能给乡村教育带来持续稳定的期望。

从需求层次分析，对乡村教师予以更为系统的激励，需要改善乡村学校的管理和评价。不少文件提到乡村评职称不硬性要求发论文，这仅是改善乡村学校管理和评价的一项具体措施。更为重要的是，要给教师更大的自主空间，让更多有理想的青年人依据自己的教育理念，在提高自己的同时创造出更加丰富多样的教育生态。

由此看来，上岗退学费等是开始解决乡村教师问题的实招，体现出政府有意大力支持发展乡村教育的意志和决心，各地还应"多措并举，定向施策，精准发力"，让乡村教师支持计划变得更具体、更可操作，即不仅吸引优秀人才到乡村学校任教，还让越来越多的乡村教师感到这个岗位是自己可以安身立命的岗位，愿意扎根乡村教育，造福农村孩子，实现自己的人生使命。

农村教师问题的成因及综合求解

　　城乡教育差距是当前教育均衡的主要问题，农村教育是我国当前教育事业发展的关键，城市化是中国社会走向现代化不可逾越的过程之一。不能孤立地就农村教育中的问题而研究，必须将农村教育及其所存在的问题放在改革开放以来农村社会的变化的过程中去考察，研究城市化进程中农村教育发展及其存在的问题。城市化进程给农村带来的诸多问题，其关键表现在教师的逆向流动上，农村优质师资的流失是影响整个城乡教育均衡的起始因素，成为需要着力解决的关键问题。建立确保农村教师有效补充和相对稳定的保障机制是解决这一问题的关键。

　　依据福特基金会资助的"农村'教学做合一'教育实验创建与推广"项目两年多的实验，安徽徽州师范、黑龙江黑河学院、晋中师范专科学校、忻州师范学院、浙江丽水学院参与进行的改革探索，以及对山西晋中市榆次区、山西忻州市忻府区和原平市、黑龙江黑河市爱辉区、浙江丽水市遂昌县、安徽省歙县、青海省大通县进行的实地调查，对这一问题加以讨论。

一、乡村教师问题形成的原因简析

　　自1978年以来，中国社会进入重大转型时期，经济全球化的浪潮和新型工业化建设的进程，急速地推进了城市化进程；然而，据上述项目启动时——2007年中国人口统计结果，13亿中国人口中农村人口仍占56%，农村教育既是加速城市化进程的促进因素，又是解决农村现实问题必不可少的基本前提，所以，农村教育和农村教师在较长时间里依然是必须重视并需要妥善解决的实际问题。

根据对所选调查市、县的调查，农村教师的状况可简单概括为"进不来、用不上、留不住"，并且这一问题经多年积累日益严重。具体体现有：结构不合理（老龄化、民师转正比例大、体艺和英专业教师奇缺）、在编教师"名超""实缺"、教师队伍不稳定和教师整体素质有待提高。

各地乡村教师状况存在着相同的共性问题，以安徽黄山市歙县为例：

其一，小学教师年龄结构失衡问题没有缓解。就所调查的歙县的两所中心学校（小川、齐武）和一所完全小学（胡埠口），50—60岁年龄段的老师超过教师总数的50%，30岁以下的老师仅占4%；2008年歙县全县50岁以上的小学教师占教师总数的38.5%，30岁以下的仅占教师总数的11.7%。歙县自2001年连续八年没有补充一名新的小学教师，到2009年，由于县教育局的努力和社会各界的共同呼吁以及上述项目的促进，县政府才在全县小学教师总量依然超编的情况下，同意招考12名小学教师（小学英语10人、小学音乐2人）。

其二，小学教师学科结构不合理问题同样存在。就所调查的歙县的三所学校，普遍缺音乐、体育、美术和幼儿教师。即便是从全县看，这样的问题也具有一定的普遍性。2008—2009学年度全歙县小学、幼儿教师的任教学科分布情况是语文教师占50.9%，数学教师占42.7%，英语教师占3%，幼儿教师占1.54%，社会课老师占0.72%，科学课老师占0.51%，体、美、音分别占0.3%、0.2%、0.1%，信息课老师占0.15%。需要特别指出的是，就全县不同的地区（乡镇）比较而言，城区及附近交通便利、经济发展较快、文化相对发达的乡镇，教师的学科分布要相对均衡，这主要是由偏远乡镇的优秀教师不对称流动造成的。

其三，现有教师难以较好承担教育责任。由于留守儿童显著增多，农村教育面临的任务、难度、广度出现变化。近十年来，由于歙县农村经济和社会发展水平与沿海省市的差距越来越大，外出务工的观念已为各年龄层次群众所接受，每年劳务输出人数居高不下，歙县成为安徽省重要的劳务输出大县，外出农民工的工资性收入占农民人均纯收入的30%以上。全县外出农民工数量每年10万多人，约占全县总人口（49万）的22%；比全省平均比例 16.5% 高出 5 个百分点。而边远山区的比例还要更高。如地处歙县南乡街源的璜田乡，2007 年总人口 22592 人，劳动力 14255 人，外出务工人员 6250 人，占总人口的 27.7%。因此，山区学校的留守儿童比例很高。所调查的歙县三校的情况见下表：

歙县三校留守儿童所占比例

学　　校	幼儿阶段比例	1—3 年级比例	4—6 年级比例
小　　川	70%	75%	80%
齐　　武	95%	90%	90%
胡埠口	80%	92%	93%

调查表明社会公平和均衡的基础薄弱是农村教师逆向流动的根本性原因；农村教师是制约城乡教育均衡的关键。乡村教师留不住的主要原因在于农村教师的生活待遇较低、职业发展空间受到局限、教师编制相对较少。

尽管从所调查的各县情况看，真正能够实现从乡村调入城镇的教师数量不多，但是能进城几乎成为每位乡村教师的心愿，因此每次教师的调动在县域范围内都成为全县教师瞩目的大事，需要经过教育局开会研究，有的还需要经过公示和县级领导同意。

乡村教师逆向流动的强劲张力是长期积累的结果。近 30 年来，学历教育制度对农村教育和经济社会发展客观上成为一台"抽血机器"，将农村优秀人才吸纳到城市，导致中国城乡人才、教育与社会发展的不均衡性增强，且已成为中国农村经济与社会发展关键性的制约因素。

重点学校制度进一步提高了城乡教师间流动的势能，重点学校可以面向农村公开选拔教师，其背后的逻辑是"教而优则进城"，这一方面提高了教师进城的门槛，另一方面拉大了城乡教育的差距，导致教育更加不均衡。

这一制度和它所引发的结果一方面加剧了城乡居民受教育权利的不平等，另一方面造成现有乡村教育与乡村生活及经济社会发展需要严重脱节。具体体现之一是为农村培养教师的师范院校的教学设置与安排和乡村教师的岗位需求相脱离，不注重培养立志从事农村教育事业的人，也没有对有志于乡村教育事业的毕业生继续提供专业成长支持；同时农村学校教师编制不落实、待遇不高、城乡差别大，优秀教师进不来、留不住，引发城乡教育进入差距逐渐拉大的恶性循环。

依据对各地的实地调查和对教师的访谈，可以得出如下结论：

（1）城乡之间教师待遇和社会地位差距依然是农村教师流失的主要原因。

（2）十余年来农村教师补充不足是农村师资状况恶化的主要原因之一。

（3）农村教师的专业成长机会与条件缺失，成就感难以获得成为补充难的主要原因。

（4）农村学校难以成为教师的真正安身立命之地，现行农村学校管理模式成为阻碍教师进入、留下、发挥作用、成长发展的制度障碍。

二、乡村教师有效补充机制探索

在调查与实验的过程中，我也在寻找农村教师有效补充的途径，感到需要从以下几方面着手：

（1）师范院校设法培养愿意下农村的教师，并经过相关程序将他们挑选出来。

（2）地方政府为教师到农村工作提供编制和相关的政策通道，并设法改善待遇。

（3）改善农村中小学管理，使之成为农村教师真正能够安身立命的场所，使到农村工作的教师乐于在那里工作，能够获得工作成就感。

（4）建立农村教师在岗专业进修的网络，教师有自主选择权的远程教育是比较有效的形式之一。

乡村教师进不去、留不住、用不好的问题的全面彻底解决需要师范学校、地方政府、乡村学校三方面通力协作。为了让农村留得住教师，让优秀的教师乐意到农村任教，让农村学校成为教师发展的大舞台，寻求建立地方师范院校、地方教育管理部门和农村学校的合作机制，激活农村教育，增强乡村活力，在安徽省徽州师范学校、黑龙江省黑河学院、山西省晋中师范专科学校、山西省忻州师范学院、浙江省丽水学院5所高校开展了试验探索。

5所高校与16所乡村实验学校一起组成联合实验组，核心目标是让教师"下得去、留得住、用得上"。其工作机制如下图：

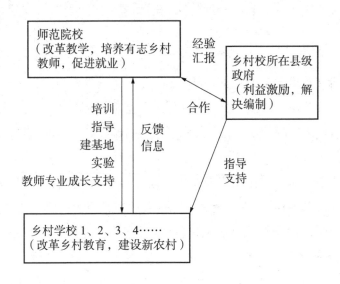

这一工作机制在于促成有志师范毕业生到农村从教，促成政府给有志且符合条件的大学毕业生到乡村学校工作解决编制、打开通道，促成乡村学校为进入乡村教学的毕业生创设发挥才智进行教育教学改革的空间和平台，使得他们能够改革农村教育，促进新农村建设。

具体到各校则依据自身的条件选择符合实际的方式实现这一目标：

安徽省徽州师范学校以师资老化、明超实缺、农村孩子素质发展受限制等问题为突破口，开展艺术教育教学，为农村培养艺术教师。通过优化课程，选派学生到农村学校开展艺术教育，让学校焕发了新的生机。

黑龙江省黑河学院已先后向黑河地区5个县区输送了支教学生，帮助黑河地区的农村解决师资短缺的问题。黑河学院教务处还调整了课程结构和内容，重点增加教育实践课程，并设置时间和学分，实行了"2.5+0.5+0.5+0.5"的培养模式。其中，"2.5"是指学生入学后利用两年半时间进行专业课和公共课等课程的学习，并进行基本技能的训练；第一个"0.5"（即大三下学期）分两部分，一是第一批学生进行顶岗实习支教，二是其他学生在校继续完成教学计划规定的课程学习；第二个"0.5"（即大四上学期）分为三部分，一是第一批支教学生返校学习，二是第二批学生进行顶岗实习支教，三是未参加支教的学生进行教育实习；第三个"0.5"（即大四下学期）学生进行毕业论文的写作。由此保证了基层学校不间断地有实习的学生。

山西省晋中学院师范分院在全院选拔优秀学生，跨专业组建行知实验班。为促进实验班学生的专业学习，学校整合了教学资源，为实验班选派了优质师资单独授课，增设了小学音、体、美基本教法等课程，强化了多媒体课件制作等实用课程的学习，并加强了教育教学实践环节的指导，以此来提升学生的综合素质。

山西省忻州师范学院始终坚持"师范教育下乡"的方向，从1997年至今，先后派出25批共14500余名本专科大学生，到晋西北11个贫困县567所农村中小学，顶替全职教师岗位进行实习支教，培养了一大批扎根山老贫困地区农村的优秀中小学教师，受到了农村学校的大力欢迎。2009年，他们采取毕业生与乡村学校签署工作协议的方式，开创了有效补充乡村教师的新路子。

浙江省丽水学院选派了三位优秀骨干教师作为妙高小学、新路湾中心小学和王村口镇中心小学三所实验学校的学术副校长。学术副校长将在实验学校进行为期一年的挂职。在挂职期间，学术副校长将为学校的建设提供智力支持，而学术副校长的工资由丽水学院和遂昌县共同承担。学院对师范专业人才培养目标、课程体系和教学方法等进行改革，在培养适应农村基础教育发展合格师资的同时，对有志于乡村教育事业的教师提供专业成长支持。

上面5所高校还积极地与当地政府进行联系，为优秀毕业生进入农村开拓外部环境。黑龙江省在特岗教师的录用政策中，给参加过顶岗支教的学生加10分；在黑龙江省"三支一扶"的人员录用中，也优先录用顶岗支教的学生；晋中学院与榆次区政府联合下发文件达成为期两年的教育科研合作协议；原平市教育局与忻州师范学院支持优秀支教毕业生与乡村学校签订为期5年的服务协议；丽水学院与遂昌县教育局签订合作协议，丽水学院将为遂昌教育的发展提供支持。各乡村实验学校也开展了一系列活动，为下乡的教师创造发挥作用的平台。

三、解决乡村教师问题需要综合措施

自从实施乡村特岗教师计划以来，这一计划的规模逐渐扩大，2009 年 4 月，教育部发出《关于进一步做好中小学教师补充工作的通知》，提出"特岗计划"采取省级统筹、公开招聘的办法吸收高校毕业生从事农村义务教育，创新了教师补充机制，此举较大程度缓解了乡村教师的紧张状况，以致一些人误以为这一办法已经彻底解决了乡村教师的问题。

事实上，从时间上看，特岗计划解决了乡村短期的教师问题，尚未能解决乡村对优秀教师的长期需求问题；从过程上看，特岗教师解决了"入岗"的问题，却未能解决"培养"和"使用"的问题，所以全面和全程解决乡村教师的问题依然还有众多的堡垒没有攻克。

1. 农村教师问题解决的整体思路

农村教师问题是在城乡社会权利不均等的基础上产生的问题，彻底解决这一问题需要靠打破城乡之间的壁垒，平等城市居民与乡村农民之间的权利，建立整个社会人与人之间平等的权利基础，朝着这个方向努力的任何一项措施都有利于乡村教师问题的解决。

农村学校空巢、农村学生进重点大学比例下降，背后的根本原因在于学校间、地区间、城乡间教育资源的不均衡，而这当中最关键的是师资力量的不均衡。要实现均衡，路径有两种：一是改变现有教师管理方式，均衡分布教师资源；二是在师资增量上想办法，让农村和薄弱校有优秀的师资来源。自 1994 年取消师范生分配以后，乡村就少有优秀的师资补充进来，同时还有一些原本在乡村工作的优秀教师通过各种方式和渠道调离岗位，学校和地区间的教育差距不断扩大，尤其是乡村教师的老龄化、知识老化、数量不足、学科及年龄结构不合理的问题已经十分严重。

尽管农村缺教师的问题已经相当严重，但是在现有的教师管理体制下，要让新补充的教师到农村教学岗位却有着多重阻碍：第一种为城镇超编，乡村缺编，因而在一个县域范围表现为"无编可补"；第二种即便有编制，一些边远、艰苦地区派不进公办教师，或因教师补充退出机制的不健全，难以补充合格的新教师，即"有编难补"；第三种是一些地方仅仅从经费角度考

虑，拖延补充合格的教师，形成"有编不补"。加之一些地方补充教师的随意性较大，代课教师问题没有得到妥当解决，影响到新教师的补充。

长远来看，要从根本上解决这些问题，需要改革整个教师管理体制。但由于这样的改变牵涉的面较大，一时难以实施，"特岗计划"便是在原有系统上打"补丁"的一种问题解决方式。彻底解决乡村教师问题必须让包括师范院校在内的高等院校、地方政府、乡村学校三方积极配合：高校要培养出真正有志且有能力胜任乡村教学岗位的教师；地方政府要切实解决编制问题，清除占用教师编制现象；乡村学校要提供教师乐于工作的环境，为新到岗位的教师提供发挥才干并能成长发展的空间。

教育均衡发展的道路漫长，做好中小学教师的补充工作，尤其是做好乡村中小学教师的补充工作，是在这条道路上迈出的关键一步。在整个社会人人权利平等的社会基础尚未建立之前，解决乡村教师问题的可行路径是对乡村教育实施权利补偿，补偿的方式主要有：一是政策补偿，通过相关的政策倾斜使乡村居民与城镇居民具有同等的受教育权，相应地乡村教师问题也就会得到一定程度的解决；二是经济补偿，包括乡村教师津贴制度的建立和完善，建设乡村教师公用住房等；三是机会补偿，给青年乡村教师成长和发展的机会、恋爱和成家的机会，给优秀教师到农村执教的机会。

2. 农村教师问题解决的具体建议

为了彻底解决乡村教师问题，依据上述项目的调查和实验以及实际情况，提出以下建议：

（1）建立并完善乡村教师津贴制度。这一制度曾经有过，但未能依据时代的变化及时调整，以至完全失去了效用。要使在农村的教师的工资待遇明显高于在城镇的教师，才有可能缓解城乡教师逆向流动的张力。

（2）继续办好农村师范学校。农村师范学校曾是我国小教师资培养链条中的一个基本环节，在师范体系中发挥着重要的作用，为我国基础教育培养了大批师资。自从 1999 年三级师范向二级师范过渡以来已经十余年了，全国师范学校通过升格、改制等方式，目前所剩不多，大都挂靠高校举办五年制师范专科，但名实不符带来了一系列问题，如招不到较好的生源、毕业生就业困难，弱化了乡村教师教育。中西部现有的专科层次师范学校，保存了师范学校全科培养的育人模式，尽管就业后待遇不高，但主副科都能教，综合素质较高，就业率高，深受基层学校欢迎。事实证明这一独特模式，仍有利于乡村教育发展，促进了社会和谐，深得社会认可。但是，在现有学校体制中，各地有举办五年制师范专科之实，一些学校却无师范专科之名。由于无名，教育部不管了，省里不管，地方政府也管不了，成了"无娘孩子"，也享受不到国家给予中专、中职学校的政策待遇；由于无名，自然更享受不到高校的政策待遇，各种项目、投入、课题等等与五年制师范无缘，乃至有的学校发动教职工集资改善办学条件。

为此建议：正视中西部五年制专科师范学校办学现实，出台对学校予以认可的相关政策，恢复相关管理机制，理顺教师教育管理体制。中等师范教育过渡曾走了弯路，作为亡羊补牢，对遗存的中师予以认可，对解决中国农村教师缺乏问题，具有重大意义。本着尊重历史、面对现实、统筹兼顾、科学发展的原则审视五年制师范专科问题，各省应整合现有农村师范布局和资源，采取变通方式，给予五年制专科的师范学校应有的名分和政策，加强招生计划管理，加大业务指导，统筹研讨各校教学计划的制定、教材选用、教学质量检测、学籍管理等，促使农村师范提高教育教学质量。

（3）逐步扩大师范生免费教育范围，吸引优秀学生报考师范院校。长期实行师范免费教育曾吸引了大量家庭贫困、品学兼优的学生上师范，当教师。这一政策在1999年并轨扩招后停止执行给师范教育带来了严重后果。为此，温家宝亲自主持国务院会议，决定从2007年起国家六所重点师范大学招收免费师范生。但特别需要免费的是为农村培养教师的农村师范学校，应优先建立农村师范学校招收免费师范生的机制，实行师范免费教育以提高农村师范生源质量，确保农村教师的源头有活水。

（4）全面建立农村师资保障机制。在当前各地农村中小学教师队伍普遍存在年龄结构不合理、学历层次不达标、师生比例不协调等问题，建立师范院校培养、地方政府给通道、乡村学校建平台的乡村师资保障机制是一项极为有效的措施，也是一个促使乡村教师各种问题不断得到解决的可持续的长效机制，对建设一支素质优良、结构合理、相对稳定的农村教师队伍将发挥十分有效的作用，有利于发展农村教育事业，促进新农村建设，应予以推广。

能容乃大

中国政法大学发生过一件对于每一位关心教育的人而言都不愉快的事，事件的两位主角杨帆和萧瀚，一位曾有过一次交往，另一位却是在这次事件发生后才闻其名，而参与其间的大学生也是长期交往因而比较熟悉的群体，从而有些发自内心的感受。

读过事件经过的不同版本和站在不同角度发表意见的网络帖子，感到问题并不像一些人认为的那样严重，无论杨帆还是萧瀚，都是我在众多学校所见到的教师中比较优秀的那一种。他们敢于发表自己的观点，不人云亦云；他们敢于以自己的方式做事，不加虚伪地表以真诚。这才是现实中鲜活脱俗的人，没有被完全"格式化"的人，不是人们加以定型后的刻板的"教授"形象。

如果说杨帆与萧瀚之间有矛盾，那么其背后的原因恰恰不在于他俩之间有多大的不同，而在于他俩的个性有太多的相同。那么为什么有人会对具有同样个性的两个人有不同甚至针锋相对的判断，褒其一、贬其一呢？原因在于只关注细节，忘记从整体和本质上看问题。

对于不少人议论的师生关系，仅仅从法律的角度来看待是不全面的，仅仅从伦理的角度来看待也是不全面的，仅仅从考生与判卷者的角度来看待更加狭隘。师生关系是社会上一种极为特殊的重要相关者的关系，不能否认杨帆对学生的指责中包含着对学生的期望与爱心，同样不能否认萧瀚主张学生"逃课自由"的发自内心对学生成长与发展的关切。

在众多关于师生关系的评论中，可以明显看出在整个社会功利背景之下对师生关系工具化的倾向，教师是这种倾向的受害者，但其中受害最大的不是教师，而是学生。令人遗憾的是，往往是更多的学生秉持这种观念，这不能不引发我们对当下教育管理制度的反思！

现实中的人总是优点与缺点同时存在，往往有特殊才能的人也有突出的缺点，陈独秀、陈寅恪是公认的大师，他们的缺点也是公认的。希冀身边有一个不存在缺点的人，是不现实的想法，在社会上如是，在大学中尤其如是。杨、萧二位现在至少不是平庸之辈，希望大家能包容他们的缺点，更应该看到他们都有各自的长处。大学在用人之长的同时，也要能够包容人的缺点，要能包容那些似乎难以容忍的缺点，这才是大学。

对于已经发生的事件，正确的处理原则是宜粗不宜细，宜冷不宜热，宜理性不宜感情用事，宜充分开放不宜封闭压制，和风细雨，这样才会让更多的师生，让整个教育界从中获益。这也是一种"大"的体现。

善于休闲是一种成长

持续忙碌后的假期是一片绿洲。绿洲里蕴含着生命，不仅令人向往，而且确实是一个人成长过程中必须穿越而不能绕过的历程。

比如暑假，就是教师面前的一片绿洲。是继续加班补课，在看得见的工作业绩簿上再添上一笔，直至自己的心灵步入荒漠，还是敞开心扉，直扑心仪已久的绿洲，成为每位教师艰难而其实又不难的选择。

面临绿洲正确地作出选择的前提是，真正意识到善于休闲是一种必要而又尚未被大家认同的成长。现实生活中的多数职业，活动内容相对单一、范围相对狭窄，不足以将人的潜能充分激发出来。而善于利用业余时间休闲，以自己最乐于接受的方式，痛痛快快地玩，本身就是一种最可能激活被掩埋起来的潜能的有效方式。同时，个人某一个方面潜能的激发，将会带来一个人整体素质的提升。

贪玩在中国的传统观念中一直受到指责。人们随着年龄的增长，越来越不敢玩，越玩越感到不舒服、不自在。教师还经常拿玩指责自己的学生，所以比起其他职业的从业者，教师们玩起来又存在更多、更重的负罪感。

教师的职业特点决定着玩也是教师职业发展与人生幸福的重要内容和必要前提。善于休闲的教师就是善于自我成长的教师。陶行知说，科学是从玩把戏中玩出来的。不会玩的孩子不是优秀的孩子。培养学生的教师只有通过自己的玩，才能理解学生不同的玩法，才能鉴别不同玩法的高下之别，才能提高师生玩的内涵。

只顾自己玩的教师当然不是好教师，只会忙得一刻不停的"永动机"式的教师也不可能成为最优秀的教师。因此，假期是教师难得的可以玩的机会，玩应是教师假期里最重要的事。

人类最原始而又最久远的大学就是玩。在竞争日趋激烈的社会里，需要打开有围墙的大学通向"玩"这所更为广阔无边的大学之门。教师更需要学会休闲、学会玩。如果一个教师只是在学校课堂上讲课，只出不进，将会导致心智衰竭，无法适应社会生活，缺乏创造性，难以胜任工作，更难以成为优秀的教师。

因此，如果你喜欢摄影，就用你的照相机创造一个自己梦想的新境；如果你喜欢作诗，不妨用诗愉悦别人也点燃自己；如果你被"网"住，也要在互联网中秀出一个自己的空间；如果你喜欢书，要让书结出"开心果"；如果你向往大海，不妨到海边去感受一下海风吹、海浪涌；如果你憧憬大山，就不妨到山区去理解和体验虚怀若谷；如果你想经营家庭，就尽心与亲人享受天伦；如果你想到异域开开眼界，就快快启程！

只要你有梦，就不妨抛开一切羁绊，尝试一下。

玩是教师假期里最重要的事

"五一"假期里，不少老师慨叹时间被这样那样的事填得满满的，还没有休息，就又开始上班了。

即将到来的暑假又会怎样呢？有人带着忧虑向我提出这一问题。

我深知回答这一问题与众多教师的假期是否幸福直接相关，又与众多单位和学校、众多人的目标、利益是否能实现直接相关，还与整个教育的质量与效果直接相关，甚至与整个民族的未来直接相关。经过一番思考，我得出的结论是：玩是教师假期里最重要的事。

在勤劳被崇尚的中国社会里，"玩"被不少人看成是不光彩的事，是虚度光阴。如今小孩子玩一玩都受到指责，更何况成人呢？人世楷模的教师怎么能够玩呢？兢兢业业，一刻不停地工作成为教师的刻板印象，假期里加班加点受到赞扬、重用、提拔和奖励，玩被淡忘、漠视甚至仇视。似乎教师就不需要、不可以、不能够、不应该玩了，即便玩也会带上内疚感和负罪感。

然而，当我们反问什么是假期、假期的功能是什么，我们发现假期是与工作日相对而存在的，世界各国的学制安排都包含假期。假期与学期相对，假期是整个教学过程和安排不可缺少的环节，假期最本质的功能就是使人获得休息，休息权是人类最基本的权利之一，玩是一种积极的休息方式。不善于休息就不善于工作，不善于玩就不善于创造性地工作。

生活需要节奏，不止教师和学生，人人都需要假期。两千年前的古人即认识到"时教必有正业，退息必有居学"。《学记》即提出藏息相辅、修游结合的教学原则，强调课内与课外、学习与休息相协调。假如学校没有了假期，后果将是教学的低效。

对于教师来说，足够的闲暇和玩不仅仅是教师的基本权利，教师的职业特点还决定着玩也是教师职业发展和人生幸福的重要组成和必要前提。创造性越来越成为社会对教师职业素质的要求，玩就是创造性得以充分发挥的最有效的一种方式。我们不能片面地把忙得一刻不停的"永动机"式的教师当成最优秀的教师，往往这样的教师所干的工作可能会产生摧残人才幼苗的效果。暑假不同于周末的休息，它是师生的一个调整期。

因此，忙碌了一个学期的教师们应当将玩当成假期里最重要的事，玩对教师有着重要的作用，可列举的有：

调节身心。由于社会竞争压力加剧，教育管理与评价体制不尽合理等多重因素的综合影响，不少教师较长时期承受身心压力而处于亚健康状态，教师职业倦怠已悄然蔓延，劳累的身躯需要修养，紧张的神经需要放松，玩是积极的修养和放松。

开阔视野。绝大多数教师由于长期在学校狭小的环境中生活、工作，不仅所见有限，所读的书也有限，而社会在飞速发展，看自己想看的书，到自己想去的地方，会自己想见的朋友，做自己想吃的饭菜……你的心胸和视野将会因此豁然开朗。

涵养智慧。古人就已发现玩具有益智功能，因此想出各种方式来玩。教师是假期最长的人群之一。这种"长"的合理性在于，如果干了一天的体力活，可能通过一夜的睡眠就能恢复过来；但是从事一段时间的智力活动后，需要更长的时间恢复，如果你能抓住机遇在这段时间"为所欲为"地玩一玩，你的智慧将因此焕发生机。

唤回主体。在中国的教育传统中，社会本位占据绝对统治地位，现行的学校管理中行政性比较强，教师的主体性在忙碌中丧失得差不多了。然而主体性是人类的特性，或者说是天性，玩可以少受各种各样的拘束，教师们可以在玩中重新找回自己，唤回自己的主体意识。

升华人格。一个人的人格往往在他工作环境以外的休闲生活中才能得到真实的体现，所以陶行知1921年在《中学教育实验之必要》一文中说："人当忙时不会走歧路，一遇空闲，危险就来了。"专业进修和工作都可能使教师人格获得进步，但教师人格的升华最终要通过完全自主而非借助于任何纪律与规范的行为，假期提供了这样一种可能性，如果你在玩的时候都能随心所欲而不逾矩，那你人格的水平就毋庸置疑；如果你将本该玩的机会也放弃了，那么你真实的人格仍然笼罩着一层面纱。

玩不是无所事事，玩并不必然导致丧志。如果你在假期里还有这样那样的事，你的学校还要迎接各种各样的检查、评比、验收、竞赛，你就将他们排个次序，一定要把玩排在当头，绝对不要把玩排在末尾。如果排在末尾，就有可能永远也玩不成。

玩也并不就要花多少钱。每位教师根据家庭条件、自己的个性与潜能、社会及各方面的实际情况，作出适合自己的个性化安排，不要简单模仿别人，最重要的目标是使自己获得幸福完满的生活，让自己的自主性、自信心获得提升，让自己的生机活力得到唤醒。

怎么玩本身是人的品质和能力的体现，不会玩的可能使自己成为"玩奴"，丧失主体性，乃至玩乐致死；会玩的则会使自己的生命获得提升，内在潜能得以激活，志向得以生成。

明智的学校领导、管理部门绝不会将假期当成第三学期，安排教师开补习班、进培训班。挤占教师假期的结果是挤掉教师自主生成的过程，形成被动型人格，它能使一位创造性教师主体性致残，成为工具型教书匠。因此，是否转变观念，不用各种片面的评价指标来挤占教师假期里玩的时间，不在假期里任意支配教师，是衡量教育管理者是否明智的一条重要标准。

假期的主题就是玩，玩是假期中最好的生活方式，在竞争日趋激烈的社会里，每个人都要首先学会休息、学会玩。不会玩的教师肯定不是优秀的教师。

教师朋友们，抛弃琐事，抛弃束缚，抛弃对玩的负罪感，在假期里勇敢地去玩吧！

投身教改是每个人的权利和机会

与以往教育政策形成的方式不同,《规划纲要》的制定采用了向公众广泛征求意见的方式。我认为,这不仅是《规划纲要》文本形成应当采取的方式,也应当是整个教育改革和发展过程中必须采取的方式。

时下不少人对教育有不少的意见,却又认为自己对促进教育改革和发展乃至优良教育的实现无处用力、无计可施。但事实上,由于教育与每个人直接相关,每个人都有权利和机会参与教育改革和发展。这种权利和机会可简单归纳为思考、舆论、互动、选择。

教育本身不是服从,更不是盲从,无论是教育者还是受教育者,都必须有独立思考,没有独立思考的教育是不健全的教育,所以思考是每个人在教育上的权利,也是整个教育获得改善的不可忽视的条件和机会。不同的人,从不同的角度对教育的各方面、各环节进行思考,是教育获得改善的前提。一个人的思考往往是单向的,不全面的,少数人的思考也难免以偏概全。张三的思考未必能用来解决李四所遇到的教育问题,政策制定者的思考不能代替政策执行者的思考,行政人员的思考不能替代教学人员的思考,教师的思考不能替代学生的思考,学生的思考也不能替代家长的思考。

长期以来,不少人将教育仅当成教育工作者的事、政府的事、决策者的事,以致太多的人对即便与自己密切相关的教育也不思考,懒得思考,不会思考,从而使教育的改进失去了广泛的社会基础。所以,全社会所有人对教育的思考,就是对改革和发展最基本、最必要的参与。

思考以后就要发表意见,众多人的意见就构成舆论。舆论是多数人对少数人保持的压力,舆论力量当然是有限的,但也是巨大的。社会舆论是民心民愿转化而成的一种现实的政治力量，是促进教育改革的重要动力。教育办得好不好，当然可以作专业的评估。在专业的评估之外，社会舆论对教育的评论自古至今就存在，而且对教育理论和实践具有强大的修正力量。尊重民意的政府必然把顺民心、遂民欲、为人民做点好事实事作为衡量自身工作的重要标准，而舆论是推动政府真正办出人民满意的教育的方向和重要依据。充分自由开放的舆论，才能使人民在教育上的权益得到更充分的实现，也必然对教育改革和发展发挥积极正向作用。

互联网使舆论越来越多、越来越广、越来越有力地影响社会的改进。虽然这还不是一种规范的渠道，但是在这种舆论压力作用下，教育当事人有了更加明晰的参照，一定程度上可以加快矫正自己的行为。甚至争论中的舆论，也会使全社会对教育问题的认识更加充分、全面、成熟。舆论在总体上有利于教育的良性化发展。

互动是全体社会成员表达权利、参与教育改革的重要方式。不同人的先天素质、人生经历、经济条件、社会地位、专业背景、工作岗位、职权范围等各方面有较大的差异，导致他们在教育上的话语和诉求各不相同，权利大小有别。《规划纲要》将公平作为一个重要目标，实现公平和推动改革，需要不同人之间多多互动：教育与非教育之间互动，官民之间互动，专业人士与非专业人员之间互动，学校与政府之间互动，社会与学校之间互动，城乡之间互动……归根结底，这些都是人与人之间的互动。有更多的人参与教育方面的互动，教育获得改善的机会就会更多，就会有更多人的教育权利得到有效保障，就会使更多人获得教育机会的公平，就会促进社会和谐。

每个人对教育的自主选择，是改进教育的更为强大的力量。职业学校办得不够好，人们就不选择它；高校办得不够好，考生就不选择它；中国教育办得不够好，人们就会选择到国外学校上学。公众对教育的选择既是无声的评价，也是择优汰劣的强制性改革动力。教育管理和教学工作要善于巧妙且充分有效地利用好这一动力，推进教育改革和完善。就社会公众来说，连那些极端弱势的、学业成绩不理想的学生，也能选择放弃高考来推动教育改革，难道还有人能说你不能对中国的教育改革有所作为吗？事实上，在你和你的亲人所必经的教育过程的每一个环节，每个人都有权利作出自主选择，每个人都有机会作出选择，这种选择本身就是对教育改革和发展的最有效的参与。

然而，就目前而言，绝大多数人对教育改革没有参与感，即便以《规划纲要》收到数百万条意见计，也才是全国人口的千分之一，根本无法与网上流行的"回家吃饭"上亿的点击率相比。

造成这种状况的原因很多，由于特定的历史文化和社会现实，不少人对教育改革持观望态度，或者认为这仅是教育部的改革；也有人觉得对于政府发动的改革要听其言观其行。但是，对于当今社会的每个人来说，教育太重要了，如同穿衣吃饭那样重要。而中国的教育非改不可，任何人都不可将对自己如此重要的事完全不顾地委于他人，而应该好好想一想，好好议一议，亲自参与其中，作出最适合自己的选择。

对恢复师范生免费政策与整体提高教师素质的思考

恢复师范生免费政策成为 2007 年中国教育的一个热点，它在考生、家长、学校、政府和教育研究工作者中引发了一系列反应，对进一步在全社会形成尊师重教的浓厚氛围，使教育成为全社会最受尊重的事业，培养大批优秀的教师，实现教育家办学，鼓励更多的优秀青年终身从事教育工作发挥了一定的影响。这是一个整体提升教师队伍素质的新机遇，充分利用这一机遇整体提高教师队伍素质，既具备了一些有利条件，还需进一步努力。这里试图在分析有利条件的基础上，依据大量实地调查所了解的情况，就整体提升教师队伍素质作些思考。

在教师最紧缺的乡村进行调查，人们对这一政策反映平静，主要原因是：较多的人认为这一政策不会对农村教师状况发生影响，教育部直属六所师范大学的毕业生最多到县城学校当教师，对大片农村来说"远水解不了近渴"。

同时，人们普遍认为，教师问题的关键在于教师职业本身是否具有吸引力：一方面，现在农村学校与城市学校之间条件和待遇的差异、行业内部的收入差距加剧了农村教师流失，是导致农村教育人才流失的主要原因。另一方面，不同行业的差距导致教师职业失去吸引力。

此外，总体上看目前师资问题主要不是数量的问题，而是结构问题，城镇教师超编过剩，农村教师奇缺，指望中央直属师范院校有多少毕业生去解决边远地区的教师问题的确作用十分有限，有效保障他们到急需教师的农村任教难度很大，效果也未必良好。

由此可见，部属六所师范招收免费师范生只是一个整体提升教师队伍素质的新机遇，只是整体提高教师队伍素质的起点，充分利用这一机遇和起点整体提高教师队伍素质，既具备了一些有利条件，又还需进一步努力，还必须进一步扩大和完善这一政策。

依据实地调查，整体提升教师队伍素质，必须着眼于提高教师职业的吸引力，需政府采取实质性的措施，让在基层从事教育工作的教师有更大的发挥才干和发展的平台，建立鼓励机制，让他们安心在基层发展。最为关键的完善措施包括：提高教师待遇，完善教师聘用制度，加快学校民主管理制度建设、教师在职学习共同体建设，建立和完善教师流动和退出机制。

一、恢复师范生免费政策是新起点

2007 年 3 月 5 日，温家宝在十届全国人大五次会议上作政府工作报告时宣布，为了促进教育发展和教育公平，将采取两项重大措施：一是在普通本科高校、高等职业学校和中等职业学校建立健全国家奖学金、助学金制度；二是在教育部直属师范大学实行师范生免费教育，建立相应的制度。

中国自近代师范教育建立以来，一直对师范生给予优惠待遇，免学费和其他费用。由于大学生扩招等原因，师范教育出现弱化倾向，师范大学开始实行逐渐收费乃至全额收费制度。

高校收费制度实行以来，大学学费一路攀升，师范生免费的消息似乎来得太突然，落实得也很迅速。2007 年 5 月 9 日，温家宝主持召开国务院第176 次常务会议，讨论并通过《教育部直属师范大学师范生免费教育实施办法（试行）》，会后国务院办公厅进行了转发（国办发〔2007〕34 号），决定从 2007 年秋季起，在教育部直属师范大学实行师范生免费教育。

这一实施办法可简括为：师范生四年在校学习期间免缴学费、住宿费，领取生活费补助；免费师范生入学前与学校和生源所在地省级教育行政部门签订协议，承诺毕业后从事中小学教育十年以上。到城镇学校工作的免费师范毕业生，应先到农村义务教育学校任教服务两年。国家鼓励免费师范毕业生长期从教、终身从教。免费师范生享受的优惠有四项：一是由中央财政负责安排免费师范生在校学习期间的学费、住宿费和生活费补助；二是由省级教育行政部门负责落实免费师范毕业生的教师岗位；三是免费师范毕业生在协议规定服务期内，可在学校间流动或从事教育管理工作；四是为免费师范毕业生在职攻读教育硕士提供便利的入学条件。

这一政策显示出中国政府对教师问题的高度重视，并采取切实措施吸引优秀高中毕业生读师范，鼓励优秀大学毕业生从教，从入口上提高教师队伍的整体素质，特别是农村中小学师资水平，是提高教师素质的一个新起点。

同时，应该清醒地意识到，师范生免费政策只是加强教师队伍建设的一系列政策措施的开端，而不应该是全部，还必须建立教师从入口到培养、任用、奖惩、退出的一系列政策，才有可能长久整体提高教师队伍的素质。即便免费师范生政策本身，也还有诸多有待完善之处。

二、进一步完善免费师范生政策才能充分有效发挥其效能

2007年恢复免费师范生政策执行中的一些情况说明，这一政策需要进一步完善，才能更有效地发挥效能。尽管教育部与各校采取了一些措施，其收效仍不尽相同，显示出的主要问题有：

1. 优秀生源供求错位

能否吸引优秀学生报考是免费师范生政策能否落实的关键，然而在实施免费政策过程中，虽然教育部要求各地"要把思想统一到中央的重大决策上来，把行动统一到中央的重大部署和要求上来。……形成优秀学生读师范、优秀人才当教师的良好导向，增强学生从事教育事业的光荣感"[1]，还是出现了一些学校不想招师范生，一些优秀考生，尤其是东部地区的优秀考生不想报师范的错位。

所以，在实际招生过程中各校采取了不同策略，都重点、主要在西部省份招收免费师范生，在其他省份只招非师范生，从而免除了中东部省份的优秀生源抛弃选择本校的担忧，北京师范大学和华东师范大学的这一问题尤为突出，所以，北京师范大学不招东部地区的师范生，华东师范大学师范专业学生95%的指标集中在中西部地区，5%为上海本地生源，其他学校招生计

---

[1] 续梅：《教育部有关负责人解读师范生免费教育政策》，《中国教育报》，2007年5月23日。

划也重点向中西部地区倾斜，主要招中西部生源。

错位还表现在，依据教育部的要求，2007 年六所部属师范大学计划招收 12000 多名免费师范生，六所部属师范大学要拿出招生数一半的指标招收免费师范生，事实上各校都打了折扣，其中折扣最大的是北京师范大学，该校计划招免费师范生 1050 名，东北师范大学 1500 人，陕西师范大学 2600 人，华中师范大学 2200 名，华东师范大学 950 名，西南大学 2945 名，招生数为参与试点的六所院校之首[①]。不久，各校的招生计划即变为[②]：

北京师范大学：内蒙古 34 人，广西 40 人，云南 30 人，贵州 36 人，陕西 50 人，山西 36 人，甘肃 40 人，青海 12 人，宁夏 12 人，新疆 42 人，西藏 4 人，上海 4 人，广东 6 人。（共 346 人）

华东师范大学：内蒙古 22 人，山西 40 人，吉林 41 人，黑龙江 33 人，上海 50 人，安徽 81 人，福建 21 人，江西 80 人，河南 62 人，湖北 10 人，湖南 31 人，广西 30 人，重庆 68 人，四川 94 人，贵州 38 人（其中定向西藏计划 6 人），云南 30 人，陕西 35 人，甘肃 27 人（其中定向西藏计划 6 人），宁夏 6 人（均为定向西藏计划），青海 8 人（均为定向西藏计划），新疆 34 人（其中定向西藏计划 14 人）。（共 841 人）

华中师范大学：天津 10 人，河北 30 人，山西 29 人，内蒙古 18 人，辽宁 40 人，吉林 34 人，河南 111 人，黑龙江 31 人，江苏 27 人，浙江 39 人，安徽 53 人，福建 51 人，江西 119 人，山东 53 人，湖北 665 人，湖南 113 人，广东 37 人，广西 46 人，海南 14 人，重庆 58 人，四川 89 人，贵州 38 人，陕西 45 人，甘肃 25 人，青海 22 人，宁夏 21 人，新疆 10 人，西藏 5 人，预科 70 人，保送 20 人，自主招生 137 人。（共 2060 人）

西南大学：山西 110 人，陕西 117 人，宁夏 22 人，甘肃 42 人，新疆 58 人，西藏 6 人，青海 18 人，四川 684 人，云南 231 人，重庆 698 人，贵州 233 人，广西 63 人，广东 2 人，湖南 114 人，湖北 72 人，河南 102 人，山东 10 人，江苏 2 人，浙江 2 人，福建 2 人，广东 2 人，江西 131 人。（共

---

① 数据来源于《中国教育报》2007 年 5 月 20 日对教育部各直属师范大学领导的采访。
② 数据来源于《光明日报》，2007 年 5 月 17 日。

2721 人）

东北师范大学：北京 3 人，河北 12 人，山西 26 人，内蒙古 54 人，辽宁 37 人，吉林 245 人，黑龙江 74 人，江苏 24 人，浙江 22 人，安徽 22 人，福建 11 人，江西 22 人，山东 39 人，河南 68 人，湖北 47 人，湖南 50 人，广东 11 人，广西 18 人，海南 15 人，重庆 50 人，四川 65 人，贵州 19 人，云南 20 人，西藏 13 人，陕西 29 人，甘肃 20 人，青海 15 人，宁夏 15 人，新疆 16 人。（共 1062 人）

陕西师范大学：北京 16 人，天津 18 人，河北 24 人，山西 35 人，内蒙古 41 人，辽宁 24 人，吉林 30 人，黑龙江 23 人，上海 15 人，江苏 25 人，浙江 19 人，安徽 27 人，福建 14 人，江西 31 人，山东 42 人，河南 61 人，湖北 28 人，湖南 25 人，广东 27 人，广西 70 人，海南 18 人，重庆 66 人，四川 64 人，贵州 62 人，云南 56 人，西藏 16 人，陕西 864 人，甘肃 109 人，青海 88 人，宁夏 104 人，新疆 109 人（共 2151 人）

结果是，六所部属师范大学实际共招收免费师范生 10933 人，生源质量总体好于往年，中西部更为明显。六校免费师范生在各地的提档线平均高出省重点线约 30 分，平均成绩高出省重点线约 41.7 分，均高于前一年。最为可喜的是师范生生源结构得以改善。中西部地区的生源有所增加，占全部生源的 90.8%；农村生源占全部生源的 60.2%，比前一年增加了 16 个百分点；男生比例有所增加，达到 38.7%。"这些都有利于教师队伍结构的调整及免费师范生政策的落实，尤其是有利于促使师范生毕业后到中小学、基层学校及农村地区任教。"[①]

北师大的情况尤为引人注意，原计划招收免费师范生 1050 人，其中 450 人从提前批次计划中直接录取，其余 600 人等开学后再进行内部调节，实际录取 471 名免费师范生，农村生源从去年的 28% 上升到 54%，男生从 29% 上升到 39%。

2. 免费师范生教学与学校教学定位的不一致

如何培养免费师范生，既是改革和加强教师教育的重要机遇和突破口，

---

① 蒋昕捷：《师范生免费政策效果初显》，《中国青年报》，2007 年 8 月 28 日。

也是能否较好落实这一政策的主要环节。

教育部要求各部属师范大学围绕培养造就优秀教师和教育家的目标，根据基础教育发展和课程改革的要求，制订出教育培养方案。学校在学科建设、人才队伍建设、课程建设、教学科研条件保障等方面向教师教育倾斜，优化资源配置。安排名师给免费师范生授课，选派高水平教师负责教师教育课程的教学，建立师范生培养导师制度。按照学为人师、行为世范的要求，加强师范生师德教育。强化实践教学环节，完善师范生在校期间到中小学实习半年的制度。通过培养教育，使学生树立先进的教育理念，热爱教育事业，具有长期从教的职业理想，为将来成为优秀教师和教育专家打下牢固的根基。[①]

事实上，一些部属师范大学崇尚综合化、研究型，不少师范院校在就业难等冲击下，师范性逐渐边缘化。学校不再统一组织师范教育专业培训，专业课程设置与其他专业没有区别，常规应有的教育实习也逐渐演变成"走过场"的形式主义，学生找个地方盖个章就当实习，将"节省"下来的时间找工作、考研。师范教育是非常专业的学科。师范教学方式不改，就难培养出优秀的教育工作者。因此人们呼吁："在实行免费师范教育后，师范院校应该回归本位。近年来，随着高校的扩招和大学生就业的市场化，一些师范大学为了吸引生源、扩大学生的就业率，纷纷向'综合型大学'靠拢，在教学内容和教学形式上有意淡化师范特色，偏离培养合格教师的教育目标。在国家给予资金、政策优惠，实行免费教育后，这些高校应该逐步回归师范教育的本位，在教学安排上强调师范院校的特色，使毕业生能更好地适应教育教学工作的需要。"

3.免费师范生能否顺利上岗悬念依然存在

免费师范毕业生的工作岗位能否得到保障，以及怎么落实岗位，关系到这一政策的出口是否有保障。依据政策设计，免费师范毕业生一般回生源所在省份中小学任教。这就需要有关省级政府统筹规划，在配合师范大学做好免费师范生招生计划工作的同时，做好免费师范毕业生的接收计划和相关

[①] 续梅：《教育部有关负责人解读师范生免费教育政策》，《中国教育报》，2007年5月23日。

工作，确保四年后每一位到中小学校任教的免费师范毕业生有编有岗。

如果学生出现违约的情况，目前还没有明确、详尽的处理办法。由于新生还需要四年才能毕业，学校不能提前对学生进行有罪推断。

4. 免费政策的示范效应与跟进的不对称

教育部在六所师范大学实施师范生免费教育政策本身是一项示范性举措。这里"示范"的重要内涵，一方面是指在全社会形成尊师重教的风气，吸引大批家庭贫困的优秀学生以及真正热爱教育事业的学生进入师范院校；另一方面是指让全国另外的 90 多所师范院校跟进免费政策。

事实上，除了首都师范大学一直保留了对师范生免费的政策，仅有四川师范大学作出了积极响应，这个省规模最大的省属师范院校在四川招生约1 万人，其中招收免费师范生 2030 人，涉及汉语言文学、教育学等近 20 个专业。被录取的免费教育师范生在校学习期间免收学费、住宿费，并补贴生活费。申请参加四川师范大学的师范生免费教育的考生除应具备四川省普通高校考生报名条件外，还应志愿献身四川基础教育事业，毕业时应根据四川省县以下中小学的实际需要，选择服务于县以下（尤其是农村）中小学的就业岗位。自愿申请免费教育且经面试合格的考生及其监护人，还要与学校签订协议书，承诺毕业后履行国家义务。各地之所以没有积极跟进，等等看的心态在一定程度上发生着作用。

由上可见，师范生免费政策的实施，是新时期培养造就高素质教师队伍，提高教育质量，推进素质教育的重大举措，必须研究总结免费师范生政策实施中的经验，配套政策必须迅速跟进，从而将这一政策在更大的范围予以推广，以更有效地发挥其效能。

例如，目前地方师范院校学生进入教师岗位的比例要高于中央直属师范院校，总体上看，目前师资问题主要不是数量的问题，而是结构问题，指望中央直属师范院校有多少毕业生去解决边远地区的教师问题，作用是十分有限的，对地方师范院校的学生免费更有利于解决这样的结构问题，也更能有效保障他们到急需教师的农村任教，而地方师范院校实施免费教育需要一笔更大的资金投入，但从教育的发展来看，这样的投入很有必要。在东部地区，地方师范院校的免费应该充分发挥地方政府的作用，东部地区完全可由省级政府自主设计实施，中部地区由中央和省级政府联合实施比较符合实际，西部地区则可能主要依靠中央政府来实施。

三、整体提高教师素质的思考

中国基础教育已经逐步从满足"有学上"转向满足对优质教育资源的需求，从数量的提高逐步转向质量的提升，师资水平的提升是现阶段教育发展的关键。教育中的很多难点问题的解决也有赖于教师素质的提高。例如：水平高的教师能够充分调动学生的主动性，减轻学生的学业负担；相反，水平不高的教师往往让学生学得累且学习效果不好。因此，加强教师队伍建设是教育发展的根本之策。

在中国教育发展进入到全面提高教育质量的需求凸现的时候，培养造就一大批优秀教师是教育发展的迫切需求。恢复免费示范生政策仅仅解决了入口问题，但这一政策表明了中央政府优先发展教育的决心，有了这样的决心就不应仅仅停留在入口这一步，还应该进一步整体设计提高教师素质的相关政策措施。其中最为关键的措施在于以下方面：

1. 提高教师待遇

能否吸引优秀人才当教师的关键在于教师职业本身是否具有吸引力。教师尤其是在农村工作的基层教师的工资待遇低、工作压力大成为社会上的共识，也是导致农村师资缺乏乃至很多师范毕业生放弃教师职业的主要原因之一。

近年来国家出台了一系列对教师工资的倾斜政策，以解决农村中小学教师的工资发放问题。实行农村义务教育经费保障机制改革后，明确中小学工作人员工资经费纳入政府财政预算，按照教职工编制标准、工资标准拨付，确保教职工工资足额发放。而农村中小学留不住教师的关键和主要原因还在于教师工资待遇低的问题不仅长期得不到有效解决，还由于不同学校和城乡差别的拉大，各地政策中存在优先照顾城镇学校，而教师职称晋级等也或明或暗向城镇学校倾斜，这种行业内部的收入差距更加剧了农村教师流失，客观上使这一问题恶化了，使农村教师看不到希望。有调查显示，68.8%的学生认为在偏远艰苦的农村地区支教，会影响自身的婚嫁。其中认为会影响婚嫁的女生占调查总人数的 52.4%，男生占 16.4%。被调查者普遍认为，支教是国家提供的有优惠政策的短期行为，当地政府和学校有可能因偏见而对支教者不予重视。

所以要让优秀教师留得住，从根本上说还要整体提高教师的地位和待遇，边远地区教师的待遇可以高到足以激励优秀教师去那里工作的程度，确保农村教师待遇在一定程度上优于城镇教师，确保优质师资在不同学校间分布的均匀，确保养老保险、医疗保险等社保福利及一些地方性津贴补贴到位。同时提高边远地区教师准入的要求，通过这样的杠杆淘汰不合格的教师，保证边远地区有优质的师资。对提高待遇需财政投入增加的部分，当地财政难以承担的由省级和中央财政承担，应制定相关的政策。

2. 完善教师聘用制度

从根本上来说，要让优秀教师留得住，还要提高对教师聘用的权威性和切身利益的有效保障。从事教师工作带有公益性，教师工作的收益不仅仅属于教师个人，而是全社会都从中获益。中小学教师承担着为国家培养合格公民的责任，是国家的工作人员，不仅应该由国家免费培养，还应该由政府从根本上提高他们的地位和待遇，必须进一步明确中小学教育的公共产品属性——属于政府公共服务职能的一种。虽然《教师法》和《义务教育法》都有规定，教师的平均工资水平应当不低于或高于当地公务员的平均工资水平，但是在许多地区，教师工资水平低、工资部分拖欠现象还普遍存在。

为此，必须进一步明确并建立有效的制度，保障对教师聘用的权威性，如将教师纳入专业公务员序列，使教师真正成为社会上最受人尊敬、最值得羡慕的职业。如果有朝一日，教师资格考试比公务员考试还要火爆，则是中国教育真正振兴之时。

3. 加快学校民主管理制度建设

要让教师职业尤其是教师本身具有吸引力，就必须充分发挥教师的积极性和创造性。能否实现这一目标与基层学校的管理制度直接相关，现有的学校管理制度对教师主体性尊重不够，教师的知情权、发言权、发展权受到不同程度的压抑。中国人民大学公共管理学院"2005 年中国教师职业压力和心理健康调查"的结果表明，8699 名接受调查的教师中，有超过 60% 的教师对工作不满意，部分教师有跳槽意向，有近30%的教师存在严重的工作倦怠。

教师群体中存在的压力较大、工作倦怠、心理亚健康等现象都与学校管理方式不民主直接相关，所以必须采取实质性的措施，建立现代学校制度，扩大学校民主，让在基层从事教育工作的教师有更大的发展平台，展示他们的聪明才干；出台更多的鼓励机制，让他们安心在基层发展。

4. 加快教师在职学习共同体建设

一名优秀教师一般要经过五到十年的磨砺，成长周期比较长。在当今终身学习社会里，教师也必须不断学习，免费师范生最大的顾虑是自身发展问题。有调查显示，面对日趋激烈的就业竞争，51.5%的学生最大的顾虑是服务期结束后的就业再分配问题，尤其是对于广大农村学子来说，他们更加关心自身在无任何社会背景情况下的再分配。27.9%的学生担心农村信息相对闭塞，在支教的三年中对于新知识与前沿信息的获取相对较少，即使服务期结束后能回到发达地区工作，却因为跟不上先进的教育理念与教学技术而影响自身的发展。还有一部分同学表示担心支教后的考研问题，希望考研时可以享受适当的优惠政策。针对自身发展的问题，大学生们提出希望在支教的三年中能与学校保持联系，在假期时接受在职的培训。

师范教育年限是有限的，相对于一名优秀教师的成长来说远远不够，师范教育只是教师专业化发展的开端，对免费师范生的教育也应该立足长远，不是培养短期临时的教师，而是立足于培养终身从事教育，立志于扎根教学实践、攀登教育科学研究高峰的教育家。因此，无论是从免费师范生的角度，还是从整个教师队伍素质提升的角度考虑，都必须尽快建立有效覆盖城乡的教师在职学习共同体。

5. 建立和完善教师流动和退出机制

人才的合理流动是市场经济条件下的必然现象，规则合理明确的流动为教师的成长与发展提供动力，也有利于教师的专业发展，完全阻断流动不利于教师积极性的发挥和专业成长。但是逆向流动严重影响公平，现在一些农村学校事实上成为城市学校的人才培养基地，曾有某县一夜之间被外地招走十多位教师，学校没有教师上课，只好高中挖初中，初中挖小学，导致农村教育人才流失严重。所以必须建立和完善教师流动机制。

完善退出机制是考虑到一些师范毕业生工作一段时间后，不愿再做教师，教育主管部门也应尊重其自由择业的权利。完全采取"卡"的方式不仅与社会发展趋向相违背，而且也不会有好的效果。但从维护公平公正、保证教师队伍的相对稳定性出发，应科学设置退出机制，免费师范毕业生应给予一定的赔付，国家对赔偿额度应有科学合理的规定，以保证教师人才培养、流动机制的良性运转。

综上所述，中国教育发展进入到全面提高教育质量的需求凸现的时候，中国基础教育已经逐步从满足"有学上"转向满足对优质教育资源的需求，从数量的提高逐步转向质量的提升，师资水平的提升是现阶段教育发展的关键，培养造就一大批优秀教师是教育发展的迫切需求。教育中很多难点问题的解决也有赖于教师素质的提高。因此，加强教师队伍建设是教育发展的根本之策，但必须从整体上设计和实施教师队伍建设。

恢复师范生免费政策是政府职责的体现，但这一政策仅仅解决了入口问题。从这一政策可以看出中央政府优先发展教育的决心，有了这样的决心就不应仅仅停留在入口这一步，就应该进一步整体设计提高教师素质的相关政策措施，就必须在一个更为广阔的视野内建立整体提高教师素质的政策、法规和制度框架，确保教师队伍内在活力旺盛，从而提升教育质量，实现民族复兴。

PART 2

第二辑

把发展的权利还给孩子

把儿童节还给孩子

为了迎接"六一"儿童节，各地已经开始忙活起来。但令人遗憾的是，作为这个节日的主体，孩子们反而成了最累的人。湖南某市一小学生致信该市教育局长，诉说学校的"六一"文艺汇演折腾人，学生天天排练，落下的课只能节后补回来，"过一个儿童节真是要闯一个难关，我们不要你们大人所谓的攀比和荣誉"。教育局长回信表示教育局要在全市范围内调查了解，制止搞相互攀比的大型活动。

这一个回合貌似把儿童节折腾儿童的问题解决了，但对那个牵挂着节后补课的孩子来说，儿童节是否已在一定程度上被学校扭曲了？那位努力回答问题的教育局长，又是否想到不同儿童的天性和需求是多样的，或许有些儿童正想借儿童节一展风采呢？

事实上，不管是教师或学校安排学生排练和比赛，还是局长下令制止，这些决定和选择都不是儿童依据自己的天性、兴趣、爱好、特长自主作出的，都不能看作是对所有儿童的充分尊重。儿童节活动本身是多样化教育的组成部分，适度经历困难本身也是一种锻炼，对那些喜欢表演的孩子来说，这一活动的过程或许是快乐的。

联想到过去曾参加过的一些儿童节表演活动，过长的领导讲话，成人坐着却让孩子站着，更有甚者，成人坐在伞下，孩子却站在雨中……待表演者一上台，台下的家长和观众就开始窃窃私语、议论纷纷：这是某某书记的儿子，那是某某主任的孙子，又上来一位是某某局长的女儿……这样的儿童节演出，将成人社会的权力层级搬上了舞台，儿童的自主性则没有人顾及。这也是一部分儿童不愿参加演出的原因。

所以问题的关键不在于搞不搞活动，而在于是否真正尊重儿童，能否让儿童自主活动。百余年前，谭嗣同在其《仁学》中就以"不失自主之权"一语点明了现代人的本质，陶行知等教育家也强调儿童是主人、朋友。然而，儿童的主体意识至今并未在所有教育工作者的心中真正扎根。

　　因此，当下亟须把长期以来被成人僭越的儿童节主人地位还给儿童。只有还给儿童本应拥有的选择和权利，为他们创造平等、健康、快乐的成长环境，才能最大程度地把快乐还给孩子。创造了这些条件，儿童节的各种活动才会是原生态的、不带功利的、不受成人指使的，只为兴趣、自主成长、快乐和自我价值的实现。学校、家庭可以把节日的时间和空间交给孩子自主支配，让他们自组团队、自选角色、自定规则、自主评议效果，可以选择表演节目，可以选择社区服务，可以选择到书店或图书馆看书，可以选择郊游，可以选择自己想玩的任何一种玩法，成人要做的就是保护和服务。

特长生"全科化"若不专业易陷泥潭

根据《济南市 2016 年高中阶段学校招生工作意见》，普通高中经市教育局批准，可招收一定数量的学科特长生，这里的学科包括了国家义务教育课程方案规定的所有科目。这意味着从 2016 年起，济南市中考特长生由原来的狭义"艺术、体育"特长，变为涵盖语文、数学、外语等国家规定范围内的义务教育阶段所有课程广义的全学科特长，学校可以根据自己的办学特色和招生情况自行判断，从而确定相应特长科目。

这个想法挺好，也符合人人都有其特长的基本原理。但是，评价学生的一个基本原则，是必须遵循学生的天性，要依据学生的天性设计评价方式。在设计"全科化"特长生的时候需要考虑的是，人的特长是不是可以按学科的方式划分，比如，某个学生在某一个时间段化学考得好，他就一定是在化学方面有特长吗？

实践中的大量例证表明并非如此，人的特长表现远比一个人在某次考试中的表现要复杂得多，甚至连续几年在某个学科的高分也未必证明他的优势潜能就在这个方向。钱伟长曾经文科的分数考得高，数理考得很差，后来的事实反倒证明他的数理方面的潜能或许比文科更强。尤其在未成年阶段的基础学科学习过程中，不能以某个学科特长为诱惑把孩子引向自己的非优势潜能方向。

所以，各教育发达国家不仅抛弃了对学生的智力测验，也不会认同以学科特长对学生的成长发展作出判断，实践中尚在使用的是性向测验，性向是大致的方向，不是学科，它未必准确，但相对于学科特长而言具有更大的包容性。若不能对学生的性向作出专业的测定，"全学科"特长生新政所带来的究竟是什么需要多年以后才能确定，其对学生成长发展产生危害的风险就不可小视。

就以济南所设计的"全科化"特长的设计为例，实施过程中哪些高中会招哪些学科特长的学生依旧是一场博弈。显然，那些强势的高中学校自然会选择招理科特长生，而那些招文科特长生的学校必然陷入劣势，以此种方式最终并不能中止招生考试中的竞争和压力，也不能实现该项政策设计者所预想的在学生均衡发展的基础上，选拔出对某一学科真正有天赋、爱钻研的学生，而只会为不同学校掐尖提供新的通道，最后，那些对小学科真有兴趣的学生和在小学科上有优势的学校会在这轮博弈中败下阵来。

简而言之，没有可行可信的专业测试作为基础，中考特长生"全科化"就会陷入泥潭。唯有推进在中小学阶段的专业测评和诊断，更准确地了解学生成长发展的真实需求，才能实现在某个方向有优势潜能的学生更好地成长发展，更好地让真的"特长生"出类拔萃。

坚持就近入学原则，尊重儿童基本权利

随着农村适龄儿童减少，调整学校布点，大规模的撤点并校出发点是希望集中优质教育资源，提高办学效率，但在具体执行的过程中受到地方财权与事权不匹配等因素的影响，一些地方全面系统考虑不够，全部撤并村小，导致许多孩子上学的路过于遥远。

特别是数起重大校车事故，引发公众对校车及近十余年来学校布局调整的关注，其中的焦点之一便是"就近入学"原则是否得到较好的贯彻落实。

就近入学政策是世界各国义务教育阶段推行的一项基本政策，也是基础教育共同遵循的一条基本原则。

1986年，中国颁布的第一部《义务教育法》第九条规定："地方各级人民政府适当设置小学、初级中等学校，使儿童、少年就近入学。"《义务教育法实施细则》第二十六条规定："实施义务教育学校的设置，由设区的市级或者县级人民政府统筹规划，合理布局。小学的设置应当有利于适龄儿童、少年就近入学。"2006年修订的《义务教育法》第十二条再次明确："适龄儿童、少年免试入学。地方各级人民政府应当保障适龄儿童、少年在户籍所在地学校就近入学。"这些规定，明确了适龄儿童、少年就近入学的权利，明确了地方各级政府保障其在户籍所在地就近入学权利的义务和责任。就近入学的政策目标就是为每一个儿童提供平等的受教育的权利，确保教育的公平原则。

2001年5月颁发的《国务院关于基础教育改革与发展的决定》第十三条要求地方政府"因地制宜调整农村义务教育学校布局"，要"按照小学就近入学、初中相对集中、优化教育资源配置的原则，合理规划和调整学校布局。农村小学和教学点要在方便学生就近入学的前提下适当合并，在交通不便的地区仍需保留必要的教学点，防止因布局调整造成学生辍学。学校布局调整要与危房改造、规范学制、城镇化发展、移民搬迁等统筹规划。调整后的校舍等资产要保证用于发展教育事业。在有需要又有条件的地方，可举办寄宿制学校"。

2010年颁布的《规划纲要》再次明确提出，"适应城乡发展需要，合理规划学校布局，办好必要的教学点，方便学生就近入学"。

这一系列政策文件都说得十分明确，地方政府有责任提供就近入学的基本条件。但在近十余年来，一些地方政府限于财力，或仅仅从便于管理的单一方面考虑，未能充分听取当地居民的意见，未能依照上述政策的基本精神，在安全保障措施不到位的情况下，撤并了一些不该撤并的教学点，加重了家长的负担，引发了学生上下学的困难和安全问题，应当引起各地高度重视。

国际上，尽管近年来一些国家出台了一些择校政策，但这些政策仍然是就近入学政策基础上的改进措施，并没有从根本上改变就近入学的政策地位。因此，调整学校布点、办寄宿制学校都应在就近入学的大前提和基本原则下进行，违背这个基本原则，就必然会带来一系列问题，其中包括交通与饮食安全、营养欠缺、情感不能满足、本土文化认同断裂、文化与科技更难普及、家庭负担过重、超大班额出现、乡村原有教育资源的闲置浪费、学生辍学等。寄宿制学生的住宿、吃饭、运动、卫生、安保、课余生活等多方面的问题也一再出现。这些说明在现实情况下，就近入学依然必要，尤其是在小学阶段，必须将就近入学作为解决问题的首要原则。

依据当前的实际，尊重和切实维护儿童基本权利最为有效、最为经济的措施，依然是真正按照《义务教育法》的精神进行学校和幼儿园的布局建设，坚持就近入学原则。各地有必要以尊重儿童基本权利为出发点，真正为乡村学生着想，在学校布点、入学方式、校车运行三种选择中慎重权衡，留住该留下的教学点，恢复有必要恢复的教学点，多听当地居民的意见。对保留和恢复的教学点，必须采取相应的倾斜政策和激励措施，派出合格的教师，保障教学条件与质量合格，保障儿童享受义务教育的公平权利。

就近入学这一政策具有积极的政策价值，是今后相当长的一段时期必须坚持的原则，孩子们上学的路途不应漫长而遥远，孩子们在上学路上实在伤不起，青春年少时光也不应过多耗费在上学路上。切实尊重儿童的基本权利，还是要从就近入学开始，这样既免除了安全之虞，又免除了儿童奔波之苦，还少了庞大的校车财政之累，一举多得。

近年发生的一系列校车安全事件，给完善现有的就近入学政策提供了机会：一是从政策思想角度，应恰当进行政策思想定位调整，它不是短期临时性政策，而是要长期坚持的基本原则。众多发达国家发展微型学校的例子也证明了这一点。二是从政策运行环境角度，应改善就近入学政策的实施环境，加大力度促进义务教育的均衡协调发展，彻底抛弃重点校、中心校、示范校的思路，大力开展合格学校建设。三是就政策自身而言，应完善就近入学政策的内容与流程，科学制定就近入学的标准，保障政策的有效运行，使多方诉求有表达的渠道，能发挥实际效能，形成民主、科学的决策机制。

孩子需要的不是玩具，而是自主

又到"六一"儿童节，不少学校出于安全考虑为孩子们的活动发愁。对于绝大多数儿童来说，快乐确实太为稀少了。昆山某小学接连发生两起小学生跳楼事件，银川一名小学生因某门功课考了 89 分，担心无法向家人交代而用红领巾上吊。这些惨痛的事件似乎更加证实了这一点。

小学生也跳楼自杀，真是学了不该学会的。然而不可能将儿童屏蔽于社会之外，他们在遇到社会上其他人遇到的情景时，就会模仿做出相类似的选择和行为——守住儿童的"心门"，比守住校门更难。

成人们通常的想法是在节日到来的时候给儿童一些快乐，却很少深入思考儿童现在为什么不快乐。一个正常人的心理与他所处的家庭环境、学习环境、社会环境直接相关，和睦的家庭、亲善的教师、友好的同伴学友，是儿童快乐的必要前提。总体上说，这些因素大多数孩子还是具备的；但值得注意的是，只要有任何一个孩子的任何一个环节出了问题，就有可能导致悲剧。

大面积调查的结果显示，大多数孩子不快乐的根源，在于他们难以成为自己学习和生活的主人。他们所有的时间不是上学，就是被父母带到各处上英语、奥数、琴棋书画等各种所谓的特长班，甚至儿童节的文艺表演等活动也往往是被安排的，儿童和领导一起过节时所说的几句话也是被安排的，他们做一点自己想做的事的时间和空间被压得越来越少，以致有孩子愤怒地对父母直言："做你们的孩子就容易了吗？我不是上学就是上那些乱七八糟的班，周末都没有休息过！"

在中国这样的孩子何止一个两个？一个完全可以成立的命题是：在中国做个孩子真不容易！在一定程度上，正是这种"不容易"导致了各地小孩自残惨剧的发生。当这种现象仅是极少数个案的时候，当然只需要从个案上寻找原因；但是，当"孩子不快乐"大面积出现时，无疑需要从更深更广的层面找原因，包括从社会管理体制中寻找原因。

首先要进行的就是形而上的思考：孩子的真正幸福在哪里？他一生幸福的基础在哪里？是否成为"知识框"就可以了，成为"美德袋"就可以了，成为重点小学、重点中学、重点大学的学生就可以了？眼前的学业成绩绝不能衡量一个孩子的全部，更不等同于他未来的幸福，能歌善舞也不能保障一个人走向幸福。

新中国成立以来，社会公认的创新人才只有王选和袁隆平两位，再看看他们中小学乃至大学的表现，完全可用"平平"两字概括，但他俩有各自的天赋，并且他俩的自主性未被学校教育所摧毁，他们以平常心态选择做自己最喜欢做、最善于做的事，因而最终酿造出人类的幸福，也酿造出自己较高形态的幸福。如果当年他们的父母也带着他们上这班那班，将他们的所有时间填满，肯定不会有如此成就。

王选和袁隆平当成为值得众多父母和教师思考的典型案例：您到底是想孩子获得眼前的分数优势，还是想获得顺其自然的长远发展优势？您有没有勇气和肚量容忍自己孩子眼前的平平表现？您是否知道对儿童自主性的任何轻微损害都会揠苗助长？您是否知道您对孩子只有引导护卫的责任，而没有僭越做主的任何权利？任何对孩子自由时间的挤压都是对他自主性人格的毁损，恰恰是自主性人格能够引导每个人走上自己与众不同的幸福之路。

中国孩子们的"不容易"，在很大程度上是社会环境造成的。要改变孩子们"不容易"的现状，关键在于改变社会环境。唯其如此，才能还孩子们一个快乐的童年。孩子们的自主并非不需要社会创造条件，恰恰相反，由于他们正处于人生最初的成长阶段，成人社会应消除强加给孩子的任何意愿。儿童不仅仅是旧时代的继承者，更是新时代的创造者，他们需要社会创造一个开放的环境，允许他们犯错误，他们才能成功；成人社会还应该为他们创造公平的环境，不要因为孩子们的家境不同、智力特点不同，就把孩子们分成三六九等，不要让家长地位高低、财富多寡左右孩子的判断；成人社会还应该消除儿童身边官僚化、商业化、低俗化的负面影响，将病态的社会影响消除到尽可能小的程度。

孩子不能自主，集中体现在教育和学习上。当众多家长为了让孩子成为"推优生"或"特长生"上一个理想的学校焦虑万分时，可怜的父母们无法改变大的社会环境和教育管理体制，只有改变自己的孩子——明知孩子很苦很累，但还是要咬牙让孩子报更多的"补习班"或"特长班"，以便让孩子在竞争激烈的求学大军中抢占先机，赢得更大的择校上学的主动权。孩子们很辛苦，家长们很痛苦。将儿童置于被动地位的教育管理体制不改，中国儿童就不会有真正的幸福。

娇生惯养不能保障儿童的自主性，反而会形成儿童的被动型人格：以自我为中心，而非做自主的人中人；既不易与他人沟通协商，也无法有效抗击生活中遇到的挫折或失败，最终难以得到真正的人生幸福和快乐。

唯有朝一日，儿童真正成为自己的主人，成为自己学习的真正主人，才会有真正的快乐而不是"被快乐"，才会走上真正的幸福之路。所以，儿童节最应该送给孩子的不是玩具，而是自主。

叫停"绿领巾"易，消除等级意识难

给所谓的"差生"戴"绿领巾"、测智商等事件引发教育界内外广泛关注，这些违背教育规律和学生成长规律的做法已被教育主管部门叫停。然而，事情并未就此完结，即便不给学生戴"绿领巾"，将学生分为三六九等而非一视同仁的观念不会随着叫停就立即彻底消失。某地在回应社会质疑时就强调它仅属个案，也表明对这件事的认识还不到位。这种处理方式也仅是治表而未及里。因此，从切实做好教育工作的角度看，依然有大量的工作要做。

首先，评价学生不能单一维度。在人类千百万年的进化过程中，每一个个体的存在都代表着人类的多样性之一，都有其存在的价值，都应该在立足点上平等。用单一的维度，或仅仅用考试分数对孩子加以评价，或仅仅用对教师是否迎合加以评价，或仅仅用对标准答案是否认同加以评价，都是简单粗暴的，都会对孩子们造成深浅不一的伤害。

其次，怎样判断一个学生的学业和品行是一件复杂的事。早在半个多世纪前，陶行知就警告教师莫轻易判定小孩子："你的教鞭下有瓦特，你的冷眼里有牛顿，你的讥笑中有爱迪生。"或许你所以为的笨蛋，正是未来的发明家爱迪生。然而，至今不仅有大量的教师在对孩子的判定上犯轻妄的错误，而且在考试中以分数高低定优劣成为评价制度中坚不可摧的组成部分。对此，并非将"绿领巾"摘下就能解决问题，而是需要对现有评价制度加以更深层次的分析，对违背人的成长发展规律的部分应毫不犹豫地加以变革。

再次，要关注那些无形的"绿领巾"。在教学实践中，由于男孩子的考试分数总体相对较低，又比较调皮，不少班主任教师总期望班里的男孩少一点，或认为男孩脸皮比较厚，进行语言和表情上的刺激也没多大关系。这种做法常常会让受到此种对待的孩子因此失去自信、自尊，感觉低人一等；这种做法更容易误导学生，把分数或成绩视为成长与发展的唯一标准；这种做法对孩子的伤害是"杀人不见血"。

在教育界乃至社会上，尚有不少人认为，叫停"绿领巾"容易，叫停学校和教师对"好生"的钟爱和对所谓"差生"的冷眼几乎不可能。这一判断在现有文化背景下是客观的现实。反对给学生分"等级"喊了多年，但一直未收到明显效果，因为中国数千年的文化鼓励争做人上人，而非做人中人，平等意识和尊重别人人格的意识比较淡薄，考试成绩直接与教师的业绩评定相联系。现在需要确定的是，是否要对此加以改变，是否要以现在为改变的起点？如是，就要毫不犹豫地行动。

消除"绿领巾"意识并非要消除差别，而是主张所有学生在人格平等的基础上实现真正的因材施教，各扬其长；消除"绿领巾"意识也并非要取消激励，而是要在平等、尊重的基础上，以适当的多种方式依据事实加以激励，实行同伴们认可的激励。

对客观存在的"绿领巾"意识，对已经嵌入教育评价制度之中的"绿领巾"意识，不应掩饰，不能以为摘下了"绿领巾"就万事大吉；又不能停留于口诛笔伐，而是要有切实的行动，要在全社会增强平等、尊重意识，让尊重、平等之风吹进每一个校园，让平常心逐渐驱散功利意识。让单一的、僵化的评价机制变得更加人性化，才能有利于培养出创新型人才。

多些真，多些爱

2010 年，牵动全民的《规划纲要》发布，作为基础教育组成部分的幼儿教育引发广泛的关注，作为其中的参与者之一，我感到欣慰。

2010 年，基础教育中真正的基础——如何培育儿童追求真理做真人，却未真正受到重视。长期以来，"求真育爱"始终没有摆到适当的位置，导致中国教育整体上存在着严重的"失真"与"失爱"的问题，幼儿园的孩子就会将假话说得像真的一样，教材中假的成分太多，以致上海大学葛红兵教授写出《谁在教中国人撒谎——语文老师》的博文。据实地调查，一些学校在功利和权势的驱使下，在评"三好"等各项活动中也在作假，良知被私欲和功利蔽塞了，爱心被无情的竞争驱散了。

在大多数人眼里，受教育不是为了寻求真理或者改善生活质量，而只是身份和显赫地位的象征与标志，因而基础教育的整个价值受到进示范幼儿园、重点小学、重点中学、重点大学的左右。这一直令我感到不安。

2010 年底，多位朋友向我发来祝贺，祝贺本人入选《时代周报》2010 年影响中国时代进程 100 人中的"十大教育工作者"。谢谢《时代周报》和百位华人媒体从业者的高抬，可这对我来说没有多少高兴，因为要为大多数人说真话，就会有极少数人忌恨。我最大的心愿是有更多的人参与进来，为把教育办得更好而共同努力！

回想起自己 20 世纪 80 年代初自励之语：八一秋风撩醒思，志立教育造新世；抛却身边半根草，人类优教度此时。30 多年的"扫地式"调查之路走得很波折，但以教育为职业，以研究为生命，以"将教育办得更好"为人生目标的人生之路还要继续坚定地走下去。在这条路上，过去得到过无数人的支持，特致诚挚感谢，但从现实看，这条路还很长很艰难，但愿有更多相同志向的朋友共同努力，让中国教育更好，让每个师生都能成就自己，让中国的未来更好！

希望有更多的基础教育的同仁意识到现有基础教育价值的偏差。中国基础教育当前最大的问题不是缺钱，也不是一般而言的管理问题，而是在价值上离开"以人为本"太远，因而这次《规划纲要》将"以人为本"作为最高位的原则，但事实上并没有足够的人理解其内涵的深意。

"求真育爱"是教育的基本精神，基础教育尤其应该如此，《规划纲要》也大致体现了这样的精神，如：提出科学发展，尊重教育的内在规律，注重质量，确立科学的质量观和发展观，提倡教育家办学，这些都是求真的体现；追求教育公平、以人为本、育人为本、办人民满意的教育、均衡发展，这些都是"爱"的体现。

"真"和"爱"应该是统一的，不应该让孩子爱本就不真实的对象，如果所爱的对象原本就是假的，不仅是不真的爱，也是不智的爱。"真"和"爱"都应该是具体的，而不是抽象的、空洞的。

她是在同一个教室里，所有的学生都得到同样的关注，不论他的学业成绩如何，不论他是男是女，不论他来自农村或城市，不论他的家庭是否有权势，不论他个性是否淘气……

她是农村及城市薄弱校的改观，是乡村教师获得更高的待遇和回报，是农村孩子真正能就近接受优质教育。

她是基础教育中不再是单一的评价制度，不再是应试压倒一切，不再是红头指令高于学生成长发展需要。

她是师生自主成长发展，而非成为自主性丧失的工具，教师不再远离崇高而为稻粱职称谋。

她是教育之"事"不再高于教育之"人"，考试分数或财政指标不再高于求学需求，真正体现学生成长发展的需求成为教育教学的第一依据。

教育所培养出的人不应只有知识，还应乐于服务、有勇气、正直、诚实、纯正。

"求真育爱"的根本在于改变师生不动脑子地都照一个模式行动，没有思想，缺乏自主自觉思想的现状。要让教育充满思想，让思想滋润教育的每一个细节；让师生充分思想，让思想进入每一个师生自觉自主的学习过程，让每一所学校都实践在发展中自主建构并不断积淀起来的学校理念和哲学，让每所学校都能在师生自主的基础上形成共同愿景。

学校里需要更多的真，更多的爱，把求真与爱当作学校公开宣传的价值追求，当作比考试分数更有价值的教育目标，把学校建成知识分子真正可以安身立命的心灵家园，真正落实服务学生成长和发展的策略，进一步密切师生之间的关系，形成"亲其师，信其道"的关系模式。

基础教育不能仅仅培养只通晓考试却从不关心真理和道德的人。

（作者口述，张小武采访整理——编者注）

学前教育说法不准，幼儿教育当是独立阶段教育

幼儿教育的基本属性是基础教育，是教育的一个独立阶段。它能够对孩子进行教育，但教育的内容不是让孩子识字、读书，也不是让孩子学数学和拼音。幼儿园的重要活动应该是做游戏，根据每个孩子不同的兴趣、不同的爱好去做游戏。

幼儿教育是有社会补偿性的，发展得好，能解决一系列的社会问题，促进社会融合。当前社会贫富分化严重，怎么解决？我认为幼儿教育是个很好的办法，幼儿阶段不论穷富，孩子们都能在一起成长，通过保障教育的起点公平而打破贫困的代际循环，从而促进社会公平和融合，这是幼儿园的一大功能。不过，现实中我们看到的情况恰恰不是这样，现在有人总结说"有权的进公办园，有钱的进私立园，没权没钱的进黑园"，这种情况下，幼儿园难以发挥其补偿作用和融合作用。

幼儿教育的另外一个重要属性是它的公益性，这决定了政府、家庭和社会对幼儿教育都有责任，政府尤其不可轻视自己的责任。建立适合中国社会经济发展水平的责任共担机制，是当前我国幼儿教育发展急需解决好的现实问题。

不少人有一种错觉，以为高等教育比幼儿教育高深复杂。其实恰恰相反，"人生百年，立于幼学"，幼儿教育远比其他阶段教育更为深奥、微妙和复杂。文艺复兴时期法国人文主义学者蒙田认为，人类学问中最困难而又最重要的一门就是儿童的教育。幼儿教育本身的复杂性和微妙性，决定了它虽然有远古的起点，至今依然没有迈出它的幼年期。直到现在，我们对幼儿发展及教育的认识依然是极其有限的。

一、幼儿教育层次低，"看孩子"与"小学化"现象严重

从第一期学前教育三年行动计划的效果来看，确实解决了不少问题，全国幼儿园数量总量增加的同时，结构上也有了变化。欧洲等西方国家的幼儿教育是先由工厂办起来，然后被社会各个阶层接受的。而中国幼儿教育的发展顺序是从上到下：从大城市到农村、从大机关的幼儿园发展到工人幼儿园；从外到内：从沿海到内地。这就导致幼儿教育发展差距明显。第一期三年行动计划在一定程度上缩小了这个差距。

为什么要启动第二个三年行动计划？主要原因还是当前幼儿园现状仍面临两个深层次问题：普及和公平。二期行动说到 2016 年全国学前教育的毛入园率达到 75%，但实际上，目前北京等大城市、东部地区以及县城的入园率已经达到 90% 以上，问题在于西部地区和农村地区，有些地方毛入园率甚至低于 30%。现在，各个地方都存在大量的"黑园"，所谓"黑园"，就是没有经过政府认可而开办的幼儿园。为什么大家知道是"黑园"还是把小孩往里面送？很大一部分原因就是幼儿园不够普及，是没办法的办法。

然后是公平远没有实现。第一，现在很多好幼儿园收费高，一般家庭的孩子难进入。对家庭条件困难的小孩而言，甚至上一个普通幼儿园都很难，入园消费在家庭整体消费中占比很高。第二，幼儿园分布不均，有些社区附近没有幼儿园，适龄儿童入园成本很高。为解决这个问题，有些地方建立了大寄宿幼儿园，但这种幼儿园往往处于"看孩子"阶段。举个例子，有一次我去一个幼儿园了解情况，进到一个教室，里面有八十多个孩子，还有明显的尿骚味。孩子们坐得端端正正，手都背在后面。与其把孩子送到这样的幼儿园，不如放在家里。所以，幼儿园的建设还是要靠近社区，正常的规律是哪里有社区哪里就该有幼儿园，而不是哪里有幼儿园，哪里就房价贵。这里还涉及一个公办园的稀缺性。我们总讲入园难，但这个难不是入一般的幼儿园难，而是进公办幼儿园难。按照目前的政策，就是对公办园什么都补，而对私立园什么都没有，所以家长们都希望把小孩送到公办的幼儿园去。幼儿教育的不公平导致了不同阶层的孩子进入不同的幼儿园，严重损害了幼儿教育融合性的特点，容易引起社会分裂。

从幼儿教育的内容上来看，除了上述提到的幼儿教育尚处"看孩子"阶段外，还有一个较为突出的问题："小学化"现象严重。在当前应试教育的大背景下，部分优质小学在"幼升小"时进行入学考试，入学压力使得很多幼儿园提前进行小学阶段的教育。再加上当前幼师群体层次相对较低，在教学中常常将小学的教学模式带入幼儿园，导致幼儿教育小学化。造成的后果就是：把文化知识作为幼儿的主要学习内容，要求幼儿学习拼音、算数、汉字等；在教育方法上，以知识讲授代替活动与游戏，甚至布置大量单调、枯燥的作业；在教育评价上，重视结果疏于过程，主要考核学生学会了多少知识和技能。"小学化"现象严重，极大地抑制了幼儿的个性与社会性的培养。

二、幼儿教育需政府、社会力量共同参与，各式幼儿教育百花齐放

要改变上面所说的幼儿教育的诸多问题，第一个要做的就是明确政府的职责。多年以来，我国政府投入的幼儿教育经费占全国教育经费的比例一直徘徊在 1.3% 左右，现在提升了一点，在 3% 左右，但仍然很低，这个占比应该为 9% ~ 10%。一些调查显示，我国幼儿教育经费总收入来自家长的占80%，家庭是当前公共幼儿教育经费的主要责任承担者。在一些地方和一些幼儿园，家庭几乎是幼儿教育经费的全部责任承担者。针对这个情况，有人就提出政府应该出钱建设更多的公办幼儿园。但实际上，大力发展公办园并不能解决问题，必须有多样性，保证私立园的权利。不论是在办学主体还是办学层次上，各式幼儿教育应当百花齐放。

就政府投入而言，重点应该在农村和西部地区大力发展公办园。从世界范围来看，公办园真正该招收的乃是社会底层家庭的子弟。但目前我们的情况是，政府百分之七十的经费都投入到公办园去了，还主要集中在城镇的公办机关园，特别是示范园。相反，相对落后的西部地区、农村地区投入却很少，即使西部地区内部，也是县级的幼儿园有投入，乡镇以下的几乎很少，都是底层老百姓自己掏钱。有一个调查就说，县级幼儿园占政府拨款投入的60% 多，而乡镇幼儿园只占 17%，更不用说村办幼儿园了。所以，政府投

入这一块应该按照目前幼儿教育的现状去扶弱，对西部地区和农村地区采取补偿措施。而在城市和东部地区，政府则应该以购买公共服务的方式，鼓励社会力量参与办园。

当前私立幼儿园两极化趋势明显，差的很差，好的又很贵。现在大家吐槽幼儿园收费高，原因在哪里？就是当前的政策让私立幼儿园没有安全感和稳定感。政府投入公办园，会引起对私立园的一个挤压效应。所以，要想让私立园有安全感，能够长久地办下去，真正为幼儿教育分流，就需要保证那些合格的私立园也能得到政府的资助，比如按照人头来资助等。要确保把钱用在幼儿教育的发展上面，而不是按照公立、私立区分以后，钱却进了幼儿园的口袋里。唯有如此，才能吸引更多的社会力量参与其中。

研究的目光盯在孩子成长上

——怀念心理学专家伍棠棣先生

　　得悉伍棠棣先生 2015 年 6 月 16 日去世的消息，感到很突然。此前，他还在电话中底气很足地说："有空到我这里谈谈，我有很多话要跟你说。"声音犹在耳畔。

　　很多从事教育专业工作的人都学习过伍棠棣先生编写的心理学教材。伍老师 1921 年生于广西平乐，早在 20 世纪 50 年代，他就是年轻有为的心理学专家了，1955 年他由北京师范大学调往正在筹建的教育行政学院，任心理教研室主任，1960 年因教育行政学院停办调入中央教育科学研究所。"文革"后任教于北京师范学院（今首都师范大学），1982 年回到中央教育科学研究所。

　　回想第一次见到伍老师，他如此平易近人，还专门到大院门口接我，如果不是事前就知道这就是伍老师，实在难以相信眼前就是通晓英语、俄语、德语，翻译出版过《普通心理学》《心理学的哲学基础和自然基础》，主编出版过《关于建立我国语文教学心理学问题》《苏联教育心理学简史》等著作的心理学专家。

　　伍老师与一些做研究将眼睛盯在成果发表上的人不同，他将眼睛盯在学生的成长上，从孩子的长远发展着眼，认为研究要有利于、服务于学生的成长。他常对年轻教师说，要天天跟孩子接触，大量接触，然后才能做研究、编教材，这样研究问题才不会只是从上面看下来。

　　1981 年以后的 20 多年里，伍老师一直在景山学校蹲点，系统听课，参加北京景山学校小学语文教学改革实验研究活动和实验教材第四、第五代的具体编写工作及课堂教学的研究、总结工作。景山小学教师刘长明能够深切体会到伍老师学识的渊博，伍老师常常能站在一个理论高度，从深层次和别人没有想到的角度分析问题、发表意见。刘长明讲了这样一件事："伍老师对一篇篇初选入教材文章的分析，就足以令人折服。我清楚地记得，在讨论教材选文时，大家对陈淼的《滑冰》一文是否入选意见不一。这时，伍老师发表了自己的观点，他细致地分析了课文内容，认真帮我们品味词句，最后十分明确地提出，这篇文章所表达的思想意境很高，入选课本对学生会产生极大的教育作用，会教学生如何做人，做一个虚心向别人学习的人！一席话，使我们眼前豁然亮了。"伍老师不是局限于文章分析文章，而是从培养人的角度，从关注孩子发展的角度分析文章，使教材组的老师们开了眼界。

虽然总是尽可能挤出一切时间到课堂，但伍老师还是经常说没有深入课堂是一个遗憾，他特别爱孩子，见到孩子的作业就如获至宝，拿到手后就急不可耐地看，然后分析、发表意见。80多岁时他还经常对老师们说："你们把学生写的作文、日记拿给我看看。"老师们将一、二年级的写话作业拿给伍老师，过了一段时间，伍老师将每篇作业都以与孩子对话的方式写了批语，孩子们对能与伍老师在作业中"对话"感到很兴奋，不少家长得知这是一位教育老专家为自己孩子写的评语后，极为感动。

伍老师的钻研精神很强，遇到问题他不会轻易下结论，而是要到图书馆查资料，细心研究后再给以答复，伍老师为此跑了很多图书馆，一直到80多岁的高龄还骑着自行车到处跑。

在景山学校教材组期间，伍老师坚持写名为《景山日出》的研究日记，后来又以《教材的复苏》为题写研究日记，他对景山学校、景山教材倾注的心血是难以计量的。每一次发言，伍老师都是认真准备，刘长明说："厚厚的笔记簿上记满了老人的真知灼见，记满了老人的肺腑之言，老人的讲话依然是那样投入、动情，深深地吸引着组里的每个人……"

几乎每个与伍老师接触过的人，都在用激动、奇怪、意外、感动、激励之类的词讲述伍老师的往事。为什么一位专家要花这么多时间来关心、研究一所学校的语文教学？不少人得出的结论是一致的：这是一种研究风格，一种工作视野，一种人格。

1941 年初，伍棠棣在桂林《大公报》"文艺"副刊上发表诗作《午夜》，他写道："理想在春天里开花，你有理想你就有一个永不凋谢的春天。"伍老师的理想能否延续为不凋谢的春天，需要更多有理想的教育人担起这一责任。

自救才能赶走心魔

大学生自杀率在各类人群中属于较低的，但由于这一群体的特殊性使大学生自杀成为社会关注的热点。2005 年仅媒体报道过的中国内地大学生自杀事件就有 116 起，死亡 83 人，实际自杀事件与死亡人数会略高于这个数字。中国社会调查所（SSIC）对北京、上海、广州、南京、武汉、大连、沈阳、哈尔滨等地高校 1000 名大学生进行问卷调查，结果显示 26.5% 的大学生偶尔有自杀念头、2.1% 的大学生经常有自杀念头，这个结果与此前的多次调查基本一致。这说明对大学生自杀的预防和救助工作必须尽快有效开展起来。

已经有不少人对大学生自杀的原因及其预防和救助做过研究，认为教育上的激烈竞争和功利导向造成学习压力大、精神抑郁、失恋、家庭变故、网络游戏成瘾、影视中的贵族文化及暴力奢侈导致人心灵的空虚、没有信仰、漠视生命、社会与家庭对独生子女的过度呵护、媒体渲染产生的诱导作用、不良网站的教唆是当前导致大学生自杀的主要原因；还有人认为既有社会、生物学、病理学等一般影响因素，也有大学生个体的心理特点所决定的特殊性影响因子。因而主张改变升学导向与过度竞争的教育，开展心理教育，完善青少年自杀预防和救助机制，加强对有自杀倾向的学生的甄别、监控与心理辅导，清洁媒体报道。

上述分析和建议都有一定的道理，然而大都将大学生当成一般的客体研究对象，忽视了其主体性，对于大学生自杀这种非常复杂的过程显得针对性不强，重外部原因和措施，轻内部原因和措施，因而未能抓住根本与关键。

对已经发生的自杀事件进行个案与统计分析可以得到进一步的启示。自杀的女生比率高于男生，理科生多于文科生，学计算机专业的自杀人数比率最高。硕士生自杀比率最高，其次为本科生，再次为专科生，博士生比率最低。自杀人数最多的是北京，其次是广东，再就是安徽、上海，而西部的八省区几乎未发生过大学生自杀事件。大学生临近毕业时自杀发生最多，学年初和学年末是自杀发生最多的时间，知名大学自杀人数多于一般大学，自杀方式以跳楼为主，学业不理想与恋爱起纷争是自杀的两个最主要诱因，导致男生自杀的首因是学业，导致女生自杀的首因是失恋。还有不少人因贫困或其他原因而自杀。大学生自杀事件的以上特点说明，激烈的社会竞争，当地文化影响下个体对上大学的过高期望，个体自身的不成熟（例如自杀的专业分布表现出的自杀者对客观对象的关注重于对人及生命存在的关注）这三个方面的共同作用是导致当前大学生自杀的主要原因。

激烈的社会竞争、区域文化对上大学的过高期望在某种意义上都是社会发展到一定程度的一种客观存在，难以甚至不可能改变或消除，所以不能在这方面寻找解决问题的办法，而必须将解决问题的重点放在个体身上，即着眼于自救。

从自杀本身分析，自杀是主体蓄意或自愿采取各种手段结束自己生命的行为，自杀的根本原因是自杀者认为他（她）的人生破产了，在他（她）心中有一个比死还要厌恶的存在，使得他（她）要通过死来结束痛苦，保持自己的卓越与尊严。自救即是自己寻找一种资源来消解上述认识，截断自杀过程进一步发展的动力机制，自动消除自杀的隐患。因此自救是从根本上解决自杀问题的治本之法。

自救必须在自杀动机形成阶段进行。自杀过程可分为三个阶段：第一是自杀动机的形成阶段，遇到挫折或打击时，为逃避现实，将自杀作为寻求解脱的手段；第二是矛盾冲突阶段，自杀动机产生后，求生的本能使自杀者陷入一种生与死的矛盾冲突之中，难以最终作出自杀决定，此时会经常谈论与自杀有关的话题来发出寻求帮助或引起别人注意的信号；第三是平静阶段，自杀者似乎已从困扰中解脱出来，常对别人说"我没事"，不再谈论或暗示自杀，情绪好转，抑郁减轻，显得平静，但这往往是自杀态度已经坚定不移，不再为生与死的选择而苦恼的表现。自杀处在第一阶段还能自救，多数有自杀念头而没有自杀的人便是通过自救而获救的。到了第二阶段以后主要靠他救，现有的预防和救助将重点放在第二、三阶段是策略性的失误，当然对那些已经发展到第二、三阶段的自杀者这种救助是不可少的。但总体上，如同美国自杀协会主席希尼亚·帕佛所认为的，"防止自杀最好的办法不是注意自杀本身，而应当更广泛地注意是什么因素导致了自杀的发生"，应该将救助工作的重点放在第一个阶段，教会所有可能产生自杀念头的人如何自救。

自救的关键是确定具有什么样品质的人才不会自杀，才能在产生自杀念头时自动消除自杀动机。大学生正处在迅猛发展时期，有极大的发展与校正空间，因此在教育上的措施主要有：

确立信仰，汲取传统文化的养料，天将降大任于斯人也；

明确志向，找到自己安身立命的根基；

磨砺意志，增强理性和自制力，以理性统摄情感，天行健君子以自强不息；

降低期望，退一步海阔天高，过高的期望必然带来过多的失望；

提高抗挫折和心理承受能力，明了"山重水复疑无路，柳暗花明又一村"的道理；

学会权衡，人皆有一死，或轻于鸿毛，或重于泰山，懂得生命对于个人、家庭、社会的价值与责任；

开阔视野，大丈夫能屈能伸，风雨中这点痛算什么，天涯何处无芳草，自古无缘皆儿戏；

扩大交往，以诚相待，堂堂正正，心胸豁达，多交流沟通，尽可能减少人与人之间的隔阂；

充满自信，天生我才必有用，适时放松，别和自己过不去，合理地进行宣泄、代偿、转移、升华等。

简言之，运用人类先贤的人生智慧，使自己真正成熟、丰富、健全起来，就会让那些有勇气死的大学生，更有勇气活，体验到活着就是幸福，并自强不息、丰富多彩地活下去。

家风是文化传承的基因

人是一种文化存在，人类历史是一种文化的历史。人类之所以超出其他动物，一是由于有个发达的大脑；二是由于有文化，以及文化对基因发生的诱变作用。

家风是文化在家庭中的体现，是在家庭生活中形成的一种满足家庭成员可持续成长与发展的精神需求，并实际引领这种需求的意识存在。它使家庭成员能从中寻找到精神归属感，使家庭文化得以延续。与众多文化相同，家风的核心是价值取向，并以价值为焦点向各个方向弥散开来，是常态家庭重要的文化资源。

家庭成员在日常生活中进行代际之间的家风传播就成为家教，对家教进行文字的提炼就成为家训。所以，家教和家训都是家庭文化的一种传播方式，也是在家庭内部发生的文化过程。

中国古人十分注重"正本""慎始"，强调"正其本，万物理。失之毫厘，差之千里"，并试图从男女婚姻对象的选择上实现这一目标，因为父母本人及其家族的血缘族姓关系、品格操行、胎孕情况等都是子孙成长发展之本。

在中国数千年家风内容的组成中，"慈幼"是最基础的部分，简而言之就是"不独亲其亲，不独子其子"的爱护幼儿意识。慈幼在中国古代即实现了由家庭观念转变为社会习俗和国家制度的过程，中国历代政府常将慈幼观念见诸政策和法令，春秋战国时期甚至将"慈幼"与"王霸"基业密切联系起来，道："老吾老，以及人之老；幼吾幼，以及人之幼，天下可运于掌。"

家风的其他基本组成包括俭朴，强调勤俭为本；自立，"积财千万，不如薄技在身"；自律，如"戒多言""与善人居""慎交游"；立志，"志不立则智不达"；还有忠厚等。

从另一个方面说，家风又是整个社会文化的亚文化，以家庭为纽带促进个体文化化，并使个体的精神世界与外在的既有文化融为一体，培养完美的人格。家风与社会主流文化有所不同，又有积极与消极之分，是整个社会文化谱系的组成部分。

在一个良性社会里，政风、学风、民风、家风是相互影响的，端正家风需要全社会共同努力。

朱自清：做一个"真君子"父亲

朱自清（1898—1948），著名散文家、诗人及学者。原名自华，字佩弦，号秋实（亦说"实秋"）。原籍浙江绍兴。1898年出生在江苏东海，后随祖父、父亲迁居扬州。

与众多的名人不同，朱自清似乎没有留下什么教育孩子的故事，这本身是其教育子女的一个特点。主要可能是由于朱自清曾说的自己的生活是"平如砥""直如矢"，和同时代一些名人相比一生没有什么大风大浪，没有惊险经历，没有轰烈壮举，没有浪漫色彩，包括教育子女在内的一切都显得那么平凡无奇。

然而，事实上他是九个子女的父亲，与第一任妻子武钟谦生育了长子朱迈先、长女朱采芷、次女朱逖先、次子朱闰生、小女朱效武、小儿子朱六儿，其中朱六儿只1岁就夭折了。1929年11月，与朱自清一起生活了12年的武钟谦因病去世，叶公超等人看到他拖着几个孩子，实在是难得很，于是就开始为他的婚事操心。1931年朱自清留学英国，漫游欧洲。1932年8月，朱自清与小他7岁的成都出生的陈竹隐女士在上海结婚。陈女士毕业于北平艺术学院，为齐白石、溥西园的弟子，工书画，善度曲。婚后育有二子一女，他们是朱乔森、朱思俞及幼女朱蓉隽。

正如朱自清在平凡的生命历程中展示他的思想行为、个性情趣以及品格与作风，从而映现出他在特定历史环境中所显现出的不平凡的风姿，他在教育子女上也没有像其他一些人那样留下有关描写自己如何教育孩子的文字，但他"意在表现自己"的散文里留有他生命的足迹，也留下了他平凡而独特的子女教育魅力，从中足以体味他的教子情怀，寻觅他教育子女的真谛。

一、不言之教益深远

朱自清的次子朱闰生常会对人说："父亲给我的教益足够我一生受用，他是个真正的君子。"

这种教益从何而来呢？朱自清的小儿子朱思俞说："从我懂事开始，直到父亲去世，全家就没有过过富裕日子。"只有四五岁的时候，他记得常常被胃病折磨的父亲总披一件赶车人才穿的大袍子，他们几个孩子一年到头吃不上什么好饭，有一点肉就算打牙祭了。为生活所迫，1939年陈竹隐不得不带着三个年幼的儿女迁徙成都，一家人蜗居在寺庙的草房里。抗战胜利未及喘上一口气又遇上内战，一包纸烟要几万块钱，教授和广大人民一样生活难以为继，朱自清愤懑地发问"何时才会出现一个小康时代"。那时，朱自清胃疾已重，形销骨立，加上子女多，但他不惜损失全家收入的五分之二，毫不迟疑地签了名拒绝用配购证以较低的价格买"美援的面粉"，并发表公开声明断然拒绝美国具有收买灵魂性质的一切施舍物资。在他逝世的前一天，还告诉夫人："有一件事得记住，我是在拒绝美援面粉的文件上签过名的！"

朱自清以羸弱的身躯弹奏出一曲中华民族爱国知识分子的千古绝唱，毛泽东说："朱自清一身重病，宁可饿死，不领美国的'救济粮'……表现了我们民族的英雄气概。"受父亲的影响，他的三儿子朱乔森还在读高中时就参加了中国民主青年同盟，同年便参加了中国共产党，高中还没毕业就服从组织安排参加了革命工作。

朱自清一生淡泊名利，洁身自爱，铁骨铮铮，高风亮节，是知识分子的典范。正因为如此，朱自清在世人和他的子女心目中一直被视为一位"真君子"。他的言行和精神，不只教育了中国的青年一代，也教育了他的子孙。朱闰生曾说："是父亲的死使我走上了革命的道路，他的正义感和强烈的爱国心深深地震撼了我。"

二、更名自策励后生

朱自清一生颠沛流离、命途多舛，求学时代就经历了家败和贫困，他的胞弟朱国华回忆：父亲失业四十年，为了培养我们兄弟四人上学，借了三千元高利贷，利上滚利，无力偿还。大哥这时考上了北大预科，须读两年才能考本科。为了早日结束学业，为家中分担债务，他没有读预科，想了个办法，把名字"自华"改为"自清"直接报考本科，这就是"自清"这个名字的由来。

上述说法还不全面，的确他居长，自华与其弟物华、国华，妹玉华，以"华"字排行。他自己在《诗多义一例》一文中说："又譬如我本名'自华'，家里给我起个号叫'实秋'，一面是'春华秋实'的意思，一面也因算命的说我五行缺火，所以取个半边'火'的'秋'字。"后来于1917年投考北京大学，录取进了哲学系，遂改名"自清"，字"佩弦"。两种说法合在一起更全面，都表达了同一个意思，改名是为了策励自己在困境中不丧志，不灰心，保持清白，便取《楚辞·卜居》"宁廉洁正直以自清乎"中的"自清"二字。他的儿子朱乔森解释："父亲本名自华，号实秋。1917年跳班报考北京大学本科的时候，因为已经预感到即将降临的'败家的凶惨'和'两肩上人生的担子'，就改名自清，字佩弦。"

这所谓"败家的凶惨"，便指《背影》中所言："那年冬天，祖母死了，父亲的差使也交卸了，正是祸不单行的日子。我从北京到徐州打算跟着父亲奔丧回家。到徐州见着父亲，看见满院狼藉的东西，又想起祖母，不禁簌簌地流下眼泪……回家变卖典质，父亲还了亏空；又借钱办了丧事。这些日子，家中光景很是惨淡……"读了这段朴实无华的文字，也就能够理解自清先生所预感的"两肩上人生的担子"。

至于"佩弦""是借用了《韩非子·观行》中'西门豹之性急，故佩韦以自缓；董安于之性缓，故佩弦以自急'的典故，来警策自己。改名自清，同样是为了自警，警策自己在家境衰败，经济困难，乃至被生活的重担'压到不能喘气'的时候，也决不与社会上的各种腐败现象同流合污"。

早年的朱自清的确"性缓"。据孙伏园回忆，在新潮社里与朱自清共同讨论稿件和一般思想学术的时候："佩弦有一个和平中正的性格，他从来不用猛烈刺激的言词，也从来没有感情冲动的语调。"然而晚期的自清先生却是爱憎分明，嫉恶如仇：闻一多被刺，他义愤填膺，冒险参加追悼会，作演说，写挽诗；又签字于抗议北平当局任意逮捕人民的宣言，签名呼吁和平宣言；与学生一起扭秧歌，否定"中间路线"，保持了改名的初衷，留给了对后代的激励。

三、《背影》亲情深似海

在伍钟谦去世三年后，朱自清在自己新婚三月之际所写《给亡妇》一文中，奏了一曲朱自清与武钟谦的爱情颂歌，末了不忘道上："我想告诉你，五个孩子都好，我们一定尽心教养他们，让他们对得起死了的母亲——你！"这显然是对亡者的誓言。

发出这誓言的心灵源于朱自清的代表作《背影》，其中讲到父亲穿过铁路为自己买水果时的一幕："我看见他戴着黑布小帽，穿着黑布大马褂，深青布棉袍，蹒跚地走到铁道边，慢慢探身下去，尚不大难。可是他穿过铁道，要爬上那边月台，就不容易了。他用两手攀着上面，两脚再向上缩；他肥胖的身子向左微倾，显出努力的样子。这时我看见他的背影，我的泪很快地流下来了。我赶紧拭干了泪，怕他看见，也怕别人看见。"

有这样的感情是因为："近几年来，父亲和我都是东奔西走，家中光景是一日不如一日。他少年出外谋生，独力支持，做了许多大事。那知老境却如此颓唐！他触目伤怀，自然情不能自已。情郁于中，自然要发之于外；家庭琐屑便往往触他之怒。他待我渐渐不同往日。但最近两年的不见，他终于忘却我的不好，只是惦记着我，惦记着我的儿子。我北来后，他写了一信给我，信中说道，'我身体平安，惟膀子疼痛利害，举箸提笔，诸多不便，大约大去之期不远矣。'我读到此处，在晶莹的泪光中，又看见那肥胖的、青布棉袍黑布马褂的背影。唉！我不知何时再能与他相见！"

《背影》中所描写的"父亲"即以朱自清的父亲小坡公为原型，反映了当时朱家家境之窘迫。北大毕业后的短短五年间，朱自清就曾先后在浙江等七八个地方任教，生活极为艰辛，特别是在八年抗战中，朱自清所任教的清华大学被迫南移、西迁到昆明，与北京大学、南开大学组成西南联大，朱自清也辗转大半个中国，最后从越南河内进入昆明，饱受了战争之苦。当时物价飞涨、教授们薪水微薄，为弥补家用，只能各找门路：兼课、卖字、刻印……朱自清的胃病在劳瘁困顿中日益加重，严重时两三天就发作一次。

朱自清看到了自己父亲的背影，朱自清的子女们又仰视着他的背影。恰如1988年江泽民为纪念朱自清诞辰90周年诗中所言："背影名文四海闻，少年坡老更亲情。清芬正气传当世，选释诗篇激后昆。"

四、后生正路在自行

朱自清有段生动的教子名言："要让孩子爱在正路上闯，不能让他们像小鸡似的在老母鸡翅膀底下，那是一辈子没出息的。"这应该是朱自清积久的生活体验所得。

朱自清是一位有独立人格的自由知识分子，在当时国共两党占中国社会主流的情况下，他既没加入国民党，也不是共产党人；在那个硝烟弥漫的战争年代，他按照自主选定的生活准则走自己的路，当然他希望孩子们也如此。

在《荷塘月色》中，他自言自语："路上只有我一个人，背着手踱着。这一片天地好像是我的；我也像超出了平常的自己，到了另一世界里。我爱热闹，也爱冷静；爱群居，也爱独处。像今晚上，一个人在这苍茫的月下，什么都可以想，什么都可以不想，便觉得是个自由的人。白天里一定要做的事，一定要说的话，现在都可以不理。这独处的妙处，我且受用这无边的荷香月色好了。"这话写的是自己，似乎在告诉包括其子孙的所有人：人间正路在自行。他的几个子女也正是这样走过来的。

朱自清长子朱迈先，小名九儿，阿九，就是朱自清在《儿女》散文中提到的让自己年纪轻轻就背上"蜗牛壳"的头生子。1918年9月长子在扬州出生时，还不到20岁的朱自清在北京大学读书。朱自清北京大学毕业后，辗转于江、浙一带的几所中学教书，因此，童年时代的朱迈先大部分时间都在扬州祖父母身边度过。1925年朱自清北上，只身去清华任教，随后母亲武钟谦带着最小的两个弟妹去了北京，朱迈先他们兄妹四人仍留在祖父母身边。1933 年新娶后母陈竹隐和朱自清才将朱迈先接到北平去念书，这时他已 14 岁了。

《荷塘月色》中所提及的"妻"拍着的"闰儿"，即二子朱闰生。朱闰生回忆说，小时候和父亲一起生活的时间很短，4 岁就随母亲回到了扬州老家。自此以后，只有每年暑假朱自清回扬州老家时，朱闰生才有机会和父亲在一起。朱闰生在扬州只读到高中二年级，就因为家庭经济困难而辍学了，辍学并不是父亲的心愿。那时已懂事的他，知道自己即使考进了大学，父亲也没有足够的经济能力来供给他上大学，于是就想到自己应该早点出学校找份工作，以便减轻父亲的负担。于是离开学校后，朱闰生便到镇江一所小学教书，后到南京一家报馆里工作。

朱自清的大女儿朱采芷早年毕业于四川大学教育系，后在昆明女青年会工作，1948 年夫妻二人去了台湾；二女儿朱逖先，高中毕业后就当了一名教师；三女儿朱效武小学毕业后，因家中经济困难不能继续读初中，便辍学在家，1948 年结婚后随丈夫迁居上海，从事街道工作，一直到退休；四女儿朱蓉隽早年就读于北京师范大学，毕业后留校任教，后调清华大学工作，长期与母亲陈竹隐住在一起，母亲去世后随丈夫去了美国；幼子朱思俞"文化大革命"中由于对江青有看法，所以被打成"反革命"，下放到农场劳动改造，平反后调入天津南开大学。朱自清的第三代也均已成人，他们都在很努力地工作和生活。

朱自清的子孙们实现了朱自清对他们的要求和期望。

孩子缘何唱"放学就是力量"

偶尔听到学生们传唱着一首歌词被改写的歌："放学就是力量，这力量是铁，这力量是钢……向着放学，向着大门，向着吃晚饭，发出万丈光芒！"

这歌词虽然改得不怎么好，却表达了不少学生的心声。学生在学校里已经被磨得没有力量了。一旦放学，便将生命原本的力量迸发出来，"发出万丈光芒"。

这种状况不能不促使人们冷静地思考，在学生的心中，学校成了什么？学校工作的目标究竟是使学生"发出万丈光芒"，还是使学生看到的是"万丈黑暗"？

有调查表明，义务教育阶段辍学的主要原因是厌学，这从侧面证实了学生的感受是真实的，以至于"减轻中小学生课业负担"成为社会普遍关注却长期得不到真正解决的问题。

客观地说，学生的压力不是单方面造成的，而是政府、家庭、社会、学校等多方面因素共同造成的，是在现有教育管理和评价体制下，学生的起点不均等，培养路径、目标单一，效率低下造成的。

为减轻学生的课业负担，一些地方的教育主管部门作出了种种规定，如：不得公布学生考试成绩，不得以考试成绩搞排名，小学、初中不得以考试的方式选拔新生；学生课业负担过重导致学校发生危及学生生命等重大事故，由当地教育行政部门免去校长职务；控制考试科目，降低文化课考试难度，小学、初中严禁举办各种类型的快慢班、尖子班、特长班；不得在双休日、寒暑假及其他法定假日组织学生进行文化课补习……即使这样的规定有千条万条，也难以改变学生课业过重的状况。

这个问题是否就无解了呢？非也。在上述各种因素中，政府如何管理和评价教育是起决定性作用的。

从根本上改变政府对教育的管理和评价模式，依据学生个性的多元发展的目标和评价体系，从根本上解放学生、解放教师、解放学校、解放教育，才是解决好学生课业负担过重的首要前提。在这一前提具备之后，再逐步解决社会、家庭、学校层面的问题，才有可能产生实际效果，真正使学生感受到上学就是力量。

父母应当与孩子有"难"同当

小惠从小沉浸在父母的呵护之中,上六年级了,生活还不能自理,需要妈妈帮梳头叠被,爸爸接送上学。虽然学习成绩优异,但没有朋友,活动能力也不强。上大学后,她看到同学都做家教,经过反复的思想斗争,才心惊胆战地贴出一份家教启事,却被爸爸知道了,爸爸对她说:"女孩做家教不安全,我们现在不缺钱。"

大学毕业找工作,面试时,在那些充满自信和勇敢的同学面前,她一连吃了几次败仗。小惠此时发出感叹:"爸爸妈妈,你们为什么不让我早点学习面对困难呢?"

这个家庭把孩子小时候面对的小困难、小问题都一个个替她解决了,留给孩子的却是她职业生涯中的大问题。现实当中,这样的家庭和父母还不在少数。

魏泽洋则是另一种情况的例子,他给我印象最深的是他的几句顺口溜:"困难像弹簧,看你强不强;你强它就弱,你弱它就强。"

魏泽洋出生于一个普通的农村家庭,由于身体内分泌的问题,他的身高只有 1.2 米。

初二的暑假,父亲遇到意外摔断了腿,家里欠下了近万元的债务,再也没钱供魏泽洋上学了。

于是他坚定了自己打工挣钱上学的信念!

就这样,魏泽洋靠捡垃圾为生。但他不管走到哪儿,身上总背着一个小包,里面装着课本,累了坐下休息的时候就拿出来看上半个小时,晚上回到住的桥洞下面,也要到路灯下看两个小时再睡觉。两个多月后,魏泽洋重新回到了学校。他不但没有留级，成绩在班级仍旧名列前茅。

此后的六七年，魏泽洋一直半工半读，利用假期去捡垃圾、卖报纸，或者到一些饭馆刷盘子，打短工。无论情况多么恶劣，他始终没有放弃自己的学业。

升入大学以后，他仍然打着多份工，大学第一学期，魏泽洋就获得了学校的三等奖学金，国家二等奖学金。他对生活的积极态度让很多人喜欢上了他，还当选了学院新闻网络部部长。

魏泽洋只是一个特例。众多的家庭不需要让孩子自己去面对那么多的困难，我们也不提倡在家庭条件许可的情况下还有意为孩子设置过多的困难，但从上面两个例子可以看出孩子成长的一些基本道理：

首先，每个孩子生来就有一种战胜他所面对的困难的本能，在他的成长过程中这种本能成为发展战胜困难的能力的基础，如果充分利用这一点，他应对各种困难的能力就能得到提高；相反，如果父母包打天下地替孩子解决了他遇到的所有困难，孩子应对困难的能力就不能得到适当发展。天长日久，随着孩子年龄增长，就会在自己面对越来越多的各种困难时，失去克服困难的自信。

其次，相对于孩子的能力而言，孩子可能遇到的困难大致分为两类：一是以孩子当前的能力无法解决和克服的困难，对于这种困难，父母提供适当的帮助是必要的；二是以孩子当前的能力可以或通过一定的努力能够克服的困难，对于这样的困难，父母可以从态度上给予适当的关照，从克服和解决困难的方式、方法上加以适当的指导，这是对孩子成长与发展最有利的一种解决方式。

如果遇到第二类困难还一味替孩子解决，则会养成孩子的依赖心理，不仅不利于孩子能力的发展，也不利于孩子良好品德与正确人生态度的形成。

再者，每一个人都要自己面对困难，别人是无法完全替代解决的。即便是父母，也无法知晓孩子的所有困难，因为孩子成长和学习中遇到的困难，只有孩子自己才能清晰地感知到，其中一些是难以直白地表达出来的。如果父母一味地替孩子解决，有时由于对困难的真实情况了解不全面，反而可能因方式方法不对帮了倒忙。

所以，父母对孩子面对困难的最好帮助方式，不是直接替他们解决困难，而是鼓励他们树立克服困难的信心，教会他们克服困难的方法。

父母如何与孩子有"难"同当?

现实生活当中，很多孩子生活和学习的条件都非常好，学习成绩却上不去，遇到一点小困难就退缩，整体上显得教育成本非常高。基于上面的道理以及当前不少父母对孩子过于关照的事实，为了培养孩子勇于面对困难，克服困难，笑对人生的能力和态度，特向各位父母提出与孩子有"难"同当的建议:

当孩子遇到困难时，父母或其他成人既不应不闻不问，也不应简单替他解决完事，而应引导孩子如何解决。

不闻不问的态度不合情理，也容易养成孩子冷漠的人生态度与人际关系;简单替孩子解决则既剥夺了孩子体验困难的机会，又不能发展他的能力，还有损于他建立"我能行"的自信。

正确的做法应该是父母首先分析这个困难的难度，依据难度大小对孩子给予不同的引导。如果孩子能解决就完全由孩子独自解决，父母在一旁当个拉拉队员就行了;如果孩子还不能解决，也不要成人包办，让孩子完全避开，至少可以引导孩子思考如何解决这一困难，或许孩子丰富的想象能提供成人意想不到的新思路。

当家庭遇到困难时，与孩子一起讨论如何去解决。

依据调查，大多数家庭有困难时是不会告诉孩子的，而事实上没有一个完全不存在困难的家庭。多数家庭不把困难告诉孩子的原因主要是:认为孩子不懂什么，告诉他没用;认为家庭困难是隐私，假如孩子知道了容易外泄。前一种态度是小看了孩子，后一种担心是通过一定方式可以处理好的多虑。无论是小看孩子，还是怕外人知道自己的困难，都没有充分的理由不让孩子一起面对家庭困难。只要父母尊重孩子，孩子确实能为家庭困难的解决出不少力。之所以让孩子一起面对家庭困难，不仅仅是因为孩子可以为家庭出主意，想办法，更重要的是能培养孩子的家庭责任感——为家庭分忧。中国古人倡导"齐家、治国、平天下"，养成孩子的家庭责任感是他长大后为社会和人类承担责任的不可缺少的基础。

与孩子一起面对家庭困难的方法是：将家庭的困难提出来与孩子一起讨论解决的方法，比如爸妈中午不能回家，孩子能否自己做午饭或用其他替代方式解决？家里近期经济比较紧，能否在与孩子有关的开支上节省一点？……有时还可为解决家庭困难对孩子提出一些要求，比如家里交不起高昂的择校费，要求孩子努力学习以求少交些钱。当然这种要求要适度。

　　当他人遇到困难时，让孩子思考如何帮助别人。

　　让孩子帮助他人思考如何解决困难的主要目的，在于养成孩子助人为乐的品行，至于能在多大程度上帮助别人，那要看困难的具体情况而定，也许有时能起到不小的作用。这种帮助行为能产生多大效果当然也要考虑，但不是最重要的。

　　正确面对和解决困难需要学习，父母与孩子有"难"同当就是教育子女应对困难的最有效方式。有过这种生活体验的孩子，长大后遭遇困难和逆境时，才能勇敢地扼住命运的喉咙，勇于挑战困难，化逆境为动力，做生活中笑到最后的人！

春游何时不再是"老虎"

关于春游，调查显示，近六成人认为需要学校统一组织，七成人支持孩子走向户外。然而一提起春游，不少学校领导和老师就认为那是一只不敢碰的"老虎"，使得春游离现在的孩子们已经越来越远了。主要原因在于现有的法规对春游中学生的安全责任没有明确的划分和界定，一旦发生事故，学校几乎要负全责，校长承受不了，教师担当不起，教育主管部门也尽可能规避，于是出现了不少教育部门和学校以安全为由干脆取消春游，或是把亲近大自然的春游改成"室内游"，到博物馆、展览馆、活动基地等室内场所进行活动，以至于孩子们难以和大自然里的春天真正接触，春游的效果大打折扣。

事实上，自古以来，游是学的一个重要组成部分，孔子就是带着学生周游列国，边游边学。这也是现代学校为何要组织学生在适当时节旅游的历史渊源。春游不仅可以让学生体味大自然的美景，放松身心，锻炼体能，还可以培养学生的团队合作精神，开阔视野，扩大兴趣，启发哲思，陶冶性情。甚至可以说，没有春游的教育是不完整的教育。

那么，春游的安全问题该怎样解决呢？首先要明白一个道理：每个人天天都面临安全的问题，过马路、乘公交、骑自行车……即便在家中烧水做饭，也会发生安全事故。是不是这些都不做了呢？相反，只有多做几次，掌握了技巧，知道怎样防止安全事故发生，才能让学生练就安全事故的防范技能，让他的一生更安全。现在学生外出之所以容易发生安全事故，主要原因是将他们关在室内的时间太长，在大自然中的活动太少，对自然界过于陌生，认知不够，行走、攀爬、跳跃、体能等各方面技能都不能适应自然，这些因素造成的安全问题更大。

但有人会说目前学生在室内学习的负担已经够重了，哪有那么多时间到户外活动呢？归根结底还是一个教育理念的问题，长期关在教室里就能学得更好吗？大量研究表明并非如此，充分发挥学生多种感官、劳逸结合、多种形式的学习才会更有效，只是我们的学校和老师们觉得关在教室里更便于管理，易于管理。从这个角度看，春游是在一种不科学的教育观的指导下才成为"老虎"的。

相对于农村孩子而言，春游对于城市里生活的孩子更有必要，学校如果仅仅出于回避安全责任的考量，舍弃春游和其他野外活动，不仅是在推卸全面教育的责任，还会导致学生在室外活动方面的低能，造成他今后生活中的"不安全"。

因此，政府相关部门和学校在应对春游上应摒弃"鸵鸟"意识，在加强对学生的安全教育，加强防范、保障安全的前提下，足量安排学生的室外活动，把春游还给孩子们。作为一名教师，我想，只要责任到位、管理到位、计划周详、安排得当、措施有力，"安全春游"应该是可以做到的。

春游本身就是依据学生的兴致分散自主的活动，当然可以三五人一组，而一些学校对学生户外活动的要求中有诸如"活动中同学们一切行动必须统一听从老师和导游的安排"之类，完全是一种忽视户外特点的要求，本身不但不能保证安全，还会造成安全问题。日本对地震中死亡的学生进行案例分析，发现自主逃生的没有一个死亡，所有死亡的学生都是跟老师跑的。有人对此分析表示，因为成人对危险的敏感程度远比儿童低，逃生的本能也比儿童迟钝，若要求儿童在户外复杂的环境中一切行动听老师的指挥，最大的可能是限制了儿童的自主性，因而贻误时机。正确的做法是让学生自主活动，以其自己的直觉判断为行动的依据。

应该用钱来激励孩子吗

朋友家的孩子从西城区育翔小学毕业了，在离校那天，他带回了老师给的 1.5 元钱。朋友问哪儿来的钱，答曰：是学校给几位管理学校电脑的学生的一点小意思。

如今，在中小学里只听说学生向学校交钱，很少听说学校给学生劳动报酬，这使做了 20 余年教育研究的我感到不同一般。1.5 元钱虽然很少，但它所显示的教育精神却是目前的教育中所稀缺并需大力倡导的。

这种精神首先表现为对学生及其劳动的尊重。尊重别人属于教育的重要内容，像目前这样仅注重知识教学是很难获得良好的教育效果的，而师生之间相互尊重的具体行为却很有效果。

在我们目前的教育现实中，只有学生尊重教师，没有教师尊重学生。我并不否认学生在学校必须从事义务劳动，但我更倡导教师对学生的劳动给予尊重。教师这样做的前提是对学生人格的尊重，这既是一种教育精神，同时也是一种教育技巧。

这种精神还体现在教师对学生劳动能力的认可上。一说到学校，很多人都认为学校的工作是校长和教职工们应做的，实际上学校里的工作有一半以上学生也可以做。由学生来做一些工作，可在对学生劳动能力的尊重中获得好的教育效果。

不拘一格地适当激励是这种教育精神的另一种体现。这位教师没有因为 1.5 元钱太少而干脆不给，没有想着怎样给得多些，也没有像大多数教师那样对这种做法是否与教师身份乃至学校的教育宗旨相符而有所顾虑，他是出于对学生劳动的尊重自然而然地给学生以激励。

当前，家庭和学校对孩子的金钱激励有两种截然相反的态度：一种认为不能谈钱，谈钱就不可能有教育；另一种则把钱作为唯一的激励手段，遇事必用钱，甚至有考多少分给多少钱的明细规定。这都是走极端。

　　钱是现实生活中的客观存在，没必要把它排除在对孩子的激励手段之外，但钱又不是现实生活的全部，所以不应该把它作为激励孩子的唯一手段。像这位老师那样以小额的钱来奖励，以示对孩子人格和劳动的尊重则是可取的。

打破农村学生头上的"天花板"

据江西《新法制报》报道，江西都昌县中考对考生进行"城乡身份"区别，农村考生若想就读县城重点高中，得凭比县城考生高得多的考分，出现了城乡考生"同分不同命"的情况。对当地而言，也许有这样那样的理由或客观条件制约，但城乡考生"同分不同命"显然有违教育公平精神。

从现行的考试体系看，同一试卷的同一次考试中，农村学校的师资和教学条件都比县城差，在这种条件下，要考出相同分数，农村学生付出的努力比城里学生显然要大。若从立足点公平的角度看，需要依据师资和教学条件确定一个系数，将学生的考分乘以这个系数所得的分值才具有等值性。也就是说，农村学生应该比城里学生低若干分数进同一所重点校，这才是公平的。

如果媒体报道的这一情况属实，在全国推进教育均衡和公平的大背景下，都昌当地不仅没有采取这样精细的方式推进教育公平，反而制定政策让农村考生需要比县城考生高出几十甚至上百分才能进同一所学校，无怪乎当地百姓说此举是对农村考生的歧视。

据媒体报道，当地教育主管部门给出的一个解释是，这是为了照顾县城考生就近上学。然而，隐藏在这背后的，是优质教育资源短缺造成的农村考生和县城考生不公平竞争的尴尬现状。当地给了县城部分学生就近上学的方便，却以损害农村学生更大的权利为代价。

值得肯定的是，当地在中考中设置了"均衡生"这一途径，意在尽量平衡城乡差异，但由于有名额和条件限制，多数农村考生无法享受。当"均衡生"成为稀缺机会时，这样的设置究竟能在多大程度上改善公平，是值得忧虑的。

"同分不同命"并非某地独有，这就使得这一问题具有了更为广泛的讨论意义。其背后深层的问题是，农村学生是否能与城镇学生享有同等的受教育权利。如果答案是不能或不尽完善，那就需要毫不犹豫、千方百计地解决这类问题。

　　有观点认为，导致城乡考生"同分不同命"的原因在于优质教育资源短缺。然而在笔者看来，为何重点中学都在县城才是问题的一大症结。事实上，由于教育资源布点不合理、长时间的教育政策不合理，结果导致当地教育生态被破坏，才使得农村学生在一些时候，抬头就看到"天花板"。

　　在一个县域或更大的区域内，政府在经费投入和政策上平等对待不同学校，这是维护当地教育生态良好的前提。十年前或二十年前，很多地方都有若干所势均力敌的高中。但是，后来很多地方错误地采取了一枝独秀的"县中"模式，把优秀教师调到一所中学，把高分考生招到一所学校，全力打造当地的所谓"名校"，并作为当地教育政绩的重要载体。由于没有在区域内形成适度的良性竞争，当地教育的良性生态逐渐遭到破坏。从大处来说，造成了城乡、校际教育不均衡；从小处来说，导致县城生源难以就近就读的矛盾。

　　解决这些问题，首先当然要废除那些明显不公平的政策，保障城乡考生"同分同命"，保障农村考生在义务教育的"出口"考试——中考中，有与县城乃至更大范围内的城市考生相同的通过考试改变自己命运的机会，降低在这一过程中农村学生面临的难度，真正打通"寒门出贵子"的通道。

　　从长远看，还是要着眼于建立教育良性生态，各地应停止实行对少数几所学校的特殊优待，让所有学校拥有平等的发展机会。同时，要给多元主体办学释放政策空间，对规模过大的高中进行限制，以适度规模保证办学质量，对一些巨型高中进行必要的拆分。让不同的高中通过自己的办学质量获得信誉，留住优秀教师，吸引优秀生源，而不是持续依赖政府的特殊扶持。

　　权利平等是考生和学校都需要的。经过一段时间如此方式的"休养生息"，我相信，县域优质教育资源就会形成多校多点齐头并进的局面，考生就会有更大的选择空间，"同分不同命"等矛盾就会逐渐缓解。

PART 3

第三辑

对学生的成长规律要有起码的尊重

学习过头孩子发展缺后劲

寒假一到，一些假期英语、奥数之类的培训班又在大张旗鼓地张罗假期培训。对此讲过多的道理已没有意义，下面讲一件我遇到的真实事例。

某重点中学英语教师因工作勤奋，成为该校新升入初一年级新生的英语实验班班主任兼英语教师，同时还兼教一个非实验班的英语课。然而期中考试成绩出来后，实验班与同是由自己上课的非实验班学生的英语成绩差距较入学时大大缩小，校领导为此找他谈话，希望他带好英语实验班。

为什么升入初中时英语成绩高出很多的实验班学生，不到半学期就与非实验班学生的成绩差距缩小了呢？这两个班的学生们在分析时认为，原因是"实验班的学生在小学里英语学过头了"。

孩子们的分析很有道理。一些家长为了能让孩子上一所好初中，带着孩子早早开始学英语，小学还没毕业，孩子便考过了公共英语三级。考试虽然通过了，但孩子的年龄和经历根本无法在语言理解力上达到公共英语三级的水平，这就会因拔苗助长而破坏了孩子继续学习的兴趣。

一些开班者也知道知识教学的有限与危害，便打趣味牌、兴趣牌，宣称他们的培训班重点培养孩子的学习兴趣，稍有点教育知识的人都明白，这样的宣传背后隐藏的是什么。

另外一个比较重要的问题是，目前一些重点学校在招生时要进行面试，面试内容多少与这样的培训相关；或者说这样的培训还紧紧盯着各重点校面试的内容和方式。在这方面，教育管理部门必须采取措施，严禁公职教师参与办这类班。

同时，家长也要从长考虑，不要受那些"状元的摇篮""北大清华的摇篮""不让孩子输在起跑线上"之类极具诱惑力的口号的影响。

孩子学习成长的最优选择是自主，评价成长的效果要看长期而不能看阶段，所谓的强化班、提高班、培优班、应试方法与技巧班，可能在短期内会提高孩子的考试成绩，却会导致孩子的长远发展缺乏后劲。为各种培训捧场只会"火"了市场，累了家长，苦了孩子，并最终可能毁了孩子。

希望教师、家长和社会都明白过犹不及的道理，让学生好好休息，过个自由自主快乐的假期，为以后的成长发展做些"积蓄"。

奥数是怎样在中国变成"过街老鼠"的

中国古代民间即有速算、珠算、心算等各种算技比赛、表演，或许它们对人的心智或外部条件与组织者要求太高了，没有哪一个门派流传至今。

反倒是随着欧洲的崛起，公共教育的发展，为大规模的数学竞赛准备了条件。1894年，匈牙利教育部门通过一项决议，准备在中学举办数学竞赛。这也是世界上最早的有组织地举办的数学竞赛。这些竞赛总体来说产生的是积极效应，比如匈牙利此后产生了如费叶尔、舍贵、拉多、哈尔、里斯等著名科学家。

于是，欧洲各国纷起效仿，罗马尼亚于1902年、苏联于1934年、保加利亚于1949年、波兰于1950年、捷克斯洛伐克于1951年开始举办中学生数学竞赛。

率先将中学数学竞赛冠以"数学奥林匹克"名称的是1934年苏联举办的第一届中学生数学竞赛。此后，各国开展的竞赛逐渐演变为国际竞赛，1959年第一届"国际数学奥林匹克"在罗马尼亚举行，当时仅有苏联、东欧等7个国家参加，带有比较强的与西欧和美国一比高低的冷战的政治色彩。冷战后期，这项比赛的范围才开始逐渐扩大，到2012年在阿根廷举办第53届时，有100个国家的548名选手参赛。

1985年中国第一次派两名学生参加国际数学奥林匹克竞赛，1986年第一次正式派出6人代表队参加国际数学奥林匹克竞赛。而在国内，作为国际赛事的准备，1984年北京市举办了第一届迎春杯奥林匹克数学竞赛，全国规模的奥赛是1986年开始的低年级"华罗庚金杯赛"。从此，奥数在中国犹如接上地气的龙，以各种形式出现在各地中小学校里和各种培训班上。

然而，原本以培养中学生对数学的兴趣、提高学生逻辑推理能力、发现和选拔数学精英为初衷的奥数，在中国却发生了变异，成为各级政府教育主管部门三令五申禁止的"过街老鼠"，在有人求之不得的同时，也几乎到了人人喊打的地步。

深入分析造成这种局面的原因，不外乎以下几个方面：

第一，在校际差距较大、学校之间地位不平等的情况下，奥数成了衡量一个学生能否进入比较好的学校的一把尺子，承担了它不应也不能承担的功能。

第二，在中国教育长期使用单一的评价模式，多元自主的评价模式尚未建立起来之时，一些地方盲目取消了小学升初中的考试，使得学生学业评价出现空当，奥数无形中被当作填补这个空当的一根稻草，以致一些地方每年奥数培训人数能占到当年学生数的80%，奥数承受了它难以承受的分量。

第三，当原本以兴趣为基础的少数人参与的活动，演变为功利的几乎想得其利者人人参加的活动，必然发生质变，教奥数的教师和学奥数的学生都是为利而来，唯独不顾兴趣爱好，方法、手段、评价都会无所不用其极，结果是扼杀了真正对此感兴趣、有天赋的人才。中国历次国际数学奥林匹克竞赛的金牌得主绝大多数没有在这一专业领域有上乘的表现便是最有力的例证。

在真正把奥数当兴趣的美国，"中小学数学奥林匹克"的组织设在纽约州的一个小镇，其网站从2000年开办至今，点击率不过100万。据该网站介绍，该组织的目标是"激发对数学的热情和热爱，介绍重要的数学概念，教授解题策略，培养解决问题时灵活运用数学的能力，强化数学直觉，促进数学创意和创新意识，提供应对挑战时所得的满足、快乐和刺激"。美国中小学生对数学感兴趣的不多，而真正感兴趣的孩子，则会非常投入。在中小学里，对数学有特殊禀赋的人，会自愿参加学校的"数学俱乐部"或被学校选入相关兴趣小组。这些学生有兴趣的支撑，发展后劲很大。

奥数变异的根本原因是特有的环境，奥数的魔力来自它被赋予了其他学习不可替代的升学功能，奥数具有杀伤力也仅是因为有人拿它当刀子。人们不必为拯救奥数呼吁，却应该好好改变眼前的环境，真正找到那个拿刀子的人，并制服他，彻底切断奥数在学生、家长、老师和学校之间的循环链条，让下一代能健康成长、正常成才。为此，亟须做的便不是发文件禁止奥数，而是要切实建立校际间均衡、平等的基础，建立多元、自主的评价体系，到那时奥数自然会回归到学生的一种兴趣活动。

学生成长发展的学校管理体制障碍分析

提升教育品质就应重视学生成长和发展的需求，使每一位青少年学生都能更好地享有适合自身特点的教育机会，接受适应自身要求的多样化教育，获得更多自主选择的发展空间。为此，我国有必要改革现行学校管理体制。

一、现行学校管理体制的特点与功能分析

有过教育工作经历的人都能切身感受到现行教育管理体制过分强调管理统一性、内容划一性、评价单一性，严重限制了教师的知情权、参与权，窒息了教育创新的活力，束缚了师生及学校管理者创新精神的发挥和创新能力的发展；而官本位、行政强势及片面的教育政绩观更加重了原已存在的问题。

有人归纳出现行的学校管理存在四大弊端：

第一，封闭性。学校管理缺少一种开放机制。按照现代组织学的观点，学校管理的结构应是开放的。学校组织的边际不断扩大，原来狭隘封闭的学校藩篱正在被打破。"破墙办学"不仅仅是推倒物理意义上的围墙，还要推倒办学者心理上和学校管理制度上的围墙，建立一种开放办学的有效机制。

第二，单主体。学校管理只看重校长与主要行政人员的作用，忽视或无视学生、教师、家长的主体作用，造成"目中无人"。

第三，单向度。许多校长过度依赖"自上而下"的科层式管理，它能体现校长的意志和权威，但教师们往往处于听命执行的被动状态，缺乏创造的热情、动力和思路。第四，低效能。正因为上述三个方面的原因，必然带来

学校管理的低效能。[①]

深入分析上述弊端产生的原因，我们需要从这种管理体制的产生和发展入手。新中国成立后，我国对学校体制作了重大调整：一是对原有的各级各类学校和教育设施采取保护政策，逐步由国家接管，渐渐形成了国家和集体包揽办学的局面；二是将原有教职工基本上包下来，摒弃"聘任制"，采用"派任制"；三是在分配上着重解决以往脑力劳动和体力劳动报酬过于悬殊的问题，强调国家工作人员（含教师）与工人的收入大体保持平衡。

这样就形成了上级命令下级、下级对上级负责，通过行政手段形成上级对下级绝对支配作用的学校系统，学校便成为政府科层行政体系的末梢，政府不仅成为唯一的办学主体和投资主体，也是教育唯一真实的决策者，政府通过全面提供学校的生活、工作及社会资源而形成对学校的全面控制和支配关系；学校仅仅是政府决策的执行者，成为政府的附属物和复制品，学校必须绝对对其上级负责，而可以不必对学生、家长负责，学校在办学和管理方面缺乏必要的自主权，缺乏应有的生机和活力，导致千校一面；教师成为科层行政体系中的一分子，难以发挥其自主性和创造性。

现行学校管理结构导致学校在功能上表现出强制性、机械性、常规性、动力单一性。简言之，学校难以构成一个责任主体，缺乏自主性，这具体表现为以下四方面。一是政府包揽一切，政学不分，管得过多，统得过死；同时政府应该加以管理的事情，又没有很好地管理起来。二是在学校人事制度上，只能上不能下，形成实际上的终身制和"铁交椅"。校长无论业绩如何，只要不违法乱纪即可，并且将自己定位为一位行政官员而不是一位教育的从业者；人员只能进不能出，形成实际上的"铁饭碗"，学校无选择教师的自由，教师无选择岗位的自由。在分配上，待遇只能升不能降，形成实际上的"大锅饭"和"铁工资"；干与不干，干多干少，干好干坏，在分配上几乎没有区别。三是在校内管理方面，缺乏严格的责任目标要求和考评保障机制，职责不清，赏罚不明，导致教育质量日益下滑，效益愈来愈低。四是学校管理往往从严格滑向严厉，学生的权益没有得到应有的重视，学生成长和

---

① 程红兵：《校务公开，构建和谐校园的基础》，《中国教育报》，2005 年 12 月 6 日。

发展的需求没有成为学校工作的重要依据。学校无法摆脱教育行政部门对学校管理的过多干涉，学校总是将行政部门的要求置于首位，将学生成长和发展的要求置于次而又次的位置，着眼于行政要求而非学生成长发展的实际需要。

在政府及其教育行政部门没有彻底转变其职能的情况下，这种状况短期内无法得到改善，对学生成长和发展的需求的满足程度也就难以得到明显的改善，学生也就难以健康成长起来。

二、阻碍学生成长的学校管理体制因素

一所学校办得好不好，不同的人有不同的衡量标准，有不同的依据。学生成长和发展的需求是否得到满足是其中最基础性、最硬性、最经得起时间检验的依据。然而，现实中因为存在学校对学生成长和发展的需求忽视的体制性因素，使得学校对学生成长和发展的需求普遍了解不够，更谈不上在何种程度上满足。

据我对已有文献的检索，目前还没有关于学生成长和发展的需求满足程度的专门研究，而且据实地调查了解，学校在这方面做得也很不理想。学校里，学生为了应付考试而学习的现象普遍存在。学生缺乏思维上的自主创新，没有时间去进行自由发挥、自主尝试性的思考等。

从教师方面看，他们都懂得学生成长和发展的需求的重要，但在教学实际中很多教师处于"想考虑，很难做到"的状态，因为考试成绩和上级行政部门的要求更加强烈和硬性。这种状况的持续导致人们在教学中很少考虑甚至从未考虑过如何满足学生成长和发展的需求。而且在现实的教学工作中，学生成长和发展的需求与教育行政部门规定的教育目标并非总是一致的，有时还有很大的不一致。在这种情况下，教师所能作出的选择就是照学校已有的安排或上级行政部门的文件按部就班安排教学，学生成长和发展的需求被挤到一边。

从对教学的评价方面看，现有的评价指标中尚无对满足学生成长和发展的需求状况的评价，现有的评价标准和方式都不利于依据学生成长和发展的需求进行教学，因而使得学校的教育教学在与学生真实成长和发展的需求

愈来愈远的道路上行走。如果教学不能有效激发学生对于学习的兴趣和创造力，就会丢失比考试成绩更迫切也更重要的东西，就可能在一开始就影响学生的创新精神，使教育教学的原生态遭到严重的破坏。

在这样的教学环境中，处于不同状态的学生对自己成长和发展的需求的认识会作出不同的反应：小学生盲目顺从而丢失个性，初中生开始厌学而降低学习效果，初中高年级学生则选择逃学或辍学加以抵制。在初中选择逃学或有厌学情绪的学生中，不仅有考试成绩落后的学生，还出现了不少历次考试成绩都比较好的学生，这说明随着学生对自己成长和发展的需求的认识由朦胧状态向清晰状态的发展，学生们越来越明显地感到学校学习与自己生活目标的疏离。这种疏离导致学校教育不但不能对学生的健康发展产生积极的促进作用，反而会对人才的成长产生巨大的阻碍。

简言之，现有学校管理和评价是导致学生成长和发展的需求不能满足的主要环节。它们设置的假定是，学校就得依照既有的行政规范运行，学生要顺应学校的规范和要求，而不是学校满足学生成长和发展的需求。在此影响下，课程与教学同样走上与学生真实成长和发展的需求愈来愈远的道路。

在现行学校管理中，校长不能依据本校的实际决定学校的教育工作做什么，教师不能依据他所面对的学生的实际决定教什么和如何教，对学生终身成长和发展负责的实施教育教学的实际责任人缺位了，这成为学校管理体制中阻碍学生成长的关键。导致这一状况的因素包括以下几方面。

第一，学校管理权的变异。学校管理权原本在更大程度上是为学校中心工作教学服务的权力，而现在学校管理权普遍变异为行政管理权，即便一所小学的校长也首先将自己定位为官员而非专业教育工作者，学校内部失去参与决定变革的机会和灵活性。学校管理权变异的直接原因是它仅仅由行政单一赋权。

第二，学生没有成为学校管理的主体之一。在学校管理中，学生不是主体便必然是客体。教育工作的特性决定着只有学生和教师成为学校运行和管理的真实主体，才有可能真正实现教育教学工作的积极有效。现实当中，一些学校不择手段地争夺高分学生，采取强行应试的一套管理方法，被人们称为"魔鬼训练法"，使学生实际上沦为学校追求应试效果的工具。在这种情况下，学生是不可能得到自主发展的。

第三，学校管理运行的单向度。依据有效管理学校的原理，学生成长和发展的需求及其成长和发展的状况是教师教学的依据，学生的情况及教学的情况又是学校管理的依据。而在现有单向度的管理体制中，学生成长和发展的需求被大大忽视了，造成管理逻辑上的颠倒，使得许多学校的实际管理者只看到上面的红头文件和上级领导的要求，只看到如何做对自身更现实、更方便、更有利，看不到学生成长和发展的需求和教育长远发展的目标。

第四，决策与行为分离。大量实践表明，与学生接触最多的人才有可能作出最明智的决策，他们在决策中应该发挥最重要的作用。而现行管理体制中，学生、家长、教师这些教学行为主体难以在学校决策中发挥其必要的作用，从而导致学校管理决策失误时有出现。

第五，信息不对称。现行管理体制下，与开放的信息社会相比较，学校管理显得过于封闭，以致出现学生知道的信息比教师多，教师知道的信息比校长多。管理者往往依据单一行政渠道获得的不充足的信息对学校实施管理，其结果必然导致低效，阻碍甚至损伤学生的正常成长与发展。

由上可见，如果不对现行学校管理体制加以改革和完善，我们就不可能解除与实施素质教育最为直接相关的体制性障碍。

三、改进学校管理的思考

以人为本，在学校管理中就是以一个个具体鲜活的学生和教师为本，在此基础上才能谈得上教学、管理。具体来说，以人为本就是学校要以保障学生的基本发展权利为本，对于学校来说，最基本也是最主要的保障内容和方式就是通过一切可能的形式满足学生成长和发展的需求。这应成为改进学校管理的基本理念，在这一理念基础上确立明确的目标，采取切实可行的措施。

1. 目标

学校管理的基本目标应是注重创新与实践，鼓励团队精神，将学校从僵化机械的行政科层体系中解放出来。这具体可表述为：第一，使满足学生成长和发展的需求成为师生员工关于学校的共同价值取向，培育师生员工的民主意识，增强管理层的服务意识，使学校管理能够更高效地服务于学校的育人目标。第二，促进学校以育人为中心任务，建立能够自我激励、自行规划、自主建设、自律约束的自主发展机制，使学校成为自主发展的文化主体。第三，尊重每一位学生的人格，了解他们成长和发展的需求，并努力满足不同学生成长和发展的需求，让每一个学生的名字充满神圣和光荣；尊重每一位教师员工的权利，让每一位教师员工拥有归属感和荣誉感。

2. 措施

要实现上述目标，最关键的是要建立多维开放、各方需求充分自主表达的学校管理体系，在这种管理体系中，行政是其中的一方，而不是唯一的一方。第一，校长民主产生。学校校长由全体教师民主选举产生，在行使职权的过程中接受全体教师的监督。第二，共同赋权。师生是学校的主体，教育行政部门是教育的管理部门，他们应该共同享有学校的管理权，探索切实可行的有效途径，进行师生及行政部门共同赋权的学校管理。第三，校本管理。学校是教学事权的中心，实行校本管理，将重要的决策权从行政管理转向学校管理。校本管理是人本理念在学校管理中的应用，强调管理者要相信人、依靠人、重视人的发展。第四，开放公开。学校要让管理从少数人的事变为大家有知情权、参与权、决策权、监督权和评议权的活动，扩大参与度，加深透明度，提高公信度；将封闭变为开放，将单主体变为多主体，将单向度变为多向度，将学校管理放到阳光下，遵循公开、公平、公正的原则，实现更有效的监督，从而提高管理效能。

综上所述，学生的成长与发展是现行学校管理中必须关注的真实问题，在学校管理层面为学生提供适合不同学生潜能、满足不同学生志向与抱负的成长与发展环境，这是实施素质教育的基础性策略。

"官样少年"是如何产生的

"少先队武汉市总队"副队长黄某因其官样图片、官样文章的博文和看《新闻联播》、看文件、看《人民日报》和《参考消息》的"两官三看",成为网友关注的热点。他戴着加长的红领巾和"五道杠"队牌,也成为议论的焦点。

这一消息之所以被关注,是因为它发生在特定的社会背景里。当下中国社会依然是官本位的社会,官本位的意识存在于政府机构,也存在于家庭、社会、学校,并且见诸具体的组织形态;同时,以人为本的观念正在快速大面积地得到越来越多的人的认同,官本位必将逐渐失去其市场,直至最终被消解,这是任何力量也无法阻挡的大趋势。"官样少年"便是在这种观念交锋中出现的一个案例。

而根据本人在学校所作的大量调查,"官样少年"还为数不少,并且还存在大量的"官样青年""官样童年""官样幼儿",并且不少人还乐得"官样",追求"官样",这就使得这个案例有进一步讨论的价值和意义。

必须肯定,培养一个合格的社会成员,应该从小培养他服务他人、担当社会责任的意识和能力,这种意识的核心元素是平等和关爱;而上述各类"官样"虽然也鼓励孩子们去"做好事",但当它与社会的科层结构联系在一起的时候,当它与几道杠联系在一起的时候,其核心理念便成为做"人上人"而非追求平等与关爱,服务就成为一种手段而非目的。

每个个体天生就有一种超越他人的本性,而整个人类社会发展却要求所有个体的权利平等。在这样一对矛盾面前,政府、社会组织(党派)、学校、家庭站在什么立场上,对孩子的成长来说是至关重要的。如果站在科层结构的立场上强化等级观念，将孩子分成三六九等，就会复制社会等级，强化社会的不平等，酿造社会不和谐的种子；若站在维系整个社会良性发展的角度，就需建立维护所有人平等权利的制度和规则基础，以图实现所有人在立足点平等，在出头处自由，既维护公平，又给予不同的人充分发展的社会机遇。

现实中存在的各种"官样"，是与整个社会发展的大趋势相悖逆的。这种悖逆并非孩子的天性，多数情况下是由于他们被"官样"，这种被"官样"不仅有广泛的观念基础，而且还有制度与机制的根基。

首先，在一些家长中，为自己的孩子在班级里谋求"一官半职"，已成为公开的暗流，有人为此既拉学校领导和老师的关系，又拉同学的关系。于是在班级里复制社会层级关系，班级里的同学关系成为其父母或相关亲属在社会上层级关系的体现。一些家长还通过自己的权力，强制学校强化这种关系。而在这个过程中，孩子们常常不是自主担责的主体，而是一个被动安排的角色。不仅被安排者是一个被动安排的角色，未被安排者更是无形中成为一个被安排的角色。儿童应有的权利从而受到践踏。

其次，在现行教育管理模式下，班队委的形式大于内容，这个原本是自主管理、自我教育的组织，它的形成方式还不能做到源自所有同学的自主选择；它履行职责的过程依然随意性较强，不能严格遵从所有同学的意愿；教育管理者对他们在升学、评优或其他方面评价上的功利回馈，在一定程度上扭曲了被"官样"者的价值取向。简言之，现有学校管理上的一些机制强化了被"官样"现象，使它成为整个教育中不容忽视的一个现实问题。

再者，学校以外的社会不合理设置，进一步强化被"官样"。以这次被关注的"少先队"来说，在一个可以相互接触的同学群体里，班队委是能够发挥一定的教育作用的。在跨学校的同学之间、根本就无接触机会的范围内，产生区队、市队、省队领导，由于他们之间无法相互了解，也无法作出合适的选择，于是大多数只是简单将行政科层复制过来。它所能产生的主要就不是教育作用，而是在天真的心灵里撩拨孩子的"官瘾"，再加上省少年先锋队是6道杠，市少年先锋队是5道杠，区少年先锋队是4道杠，学校少先大队是3道杠，班级中队是2道杠，小队是1道杠，更从形象上强化了等级观念，自然会引导一些孩子误入歧途。

公平是现代教育的一个核心理念，当谈到公平的时候，绝不应将它当成一个空洞的口号，它需要教育细节措施的落实和支撑。被"官样"现象的存在，说明当下教育和社会环境在内容、形式，观念、体制等各方面都存在有违公平的东西，需要加以清理和消除。

被"官样"暴露的另一个问题是教育的失真。我常能听到一些幼儿园的孩子说出一套成人化、政治化的话语，显然那不是他们内心的自然流露；如果是，也只是被扭曲了的内心，那已经达到了更加可怕的失真程度。之所以失真，是由于现有教育和体制内存在一种激励，对这样的行为举止给予荣誉、奖励、肯定与诸多回报，牵引着更多的家长与孩子向这样的得志者看齐，并不断被广泛地复制。

可是，在这一过程中的成功者，也许就是受害者，因为他要部分或被逼迫全部抛弃自己的个性，成为社会中的被动玩偶再去玩弄他人，在社会中获得权势再去权势他人，或许他的社会地位日渐上升，却与人类发展的大趋势日渐遥远。

每个人都只能在符合自己个性与潜能的方向上才能健康成长与发展，成人、家庭、学校、社会、政府的一切"被"措施，都是对他们的伤害。

"学生"还是"学死"

　　和一位日本的教育工作者交流，她说日本很重视学生的安全、逃生、避难教育，但 2011 年的大地震还是有 60 余名学生不幸遇难，于是他们就对这 60 余名遇难的学生进行调查分析，结果发现，凡是学生自己主动避难逃离的都活了，遇难的学生都是跟着老师跑的。

　　这一事实令人震惊，却有深刻的启迪。深入分析这一现象，它是符合自然规律的。首先，老师的反应没有学生灵敏，求生的本能也就比学生迟钝，他们所选择的避难方式和路径，未必比经过一定训练的学生的选择正确有效，更未必是符合各个不同学生的实际的；其次，跟着老师跑的学生大都是自信、自我判断、自我决策能力相对低的学生，在生死抉择面前，他们的依赖性比其他同学强，也最容易受到伤害。这两方面共同作用的结果是，尽管有一些跟老师逃的学生可能活下来了，但死亡的都是跟老师逃的。

　　这个事实颠覆了我们在学校中长期宣传的一个基本规则：遇到灾害事故时，学生要听老师指挥。遵守这一规则，学生的伤亡可能是最大的。而在平时对学生进行必要的避难逃生训练，在遇到灾害事故发生时由学生凭借本能自主逃生，才是最大程度减少伤亡的最有效方式。

　　更为深刻、更有意义的启示在于：这一事实本身表明，中国现在的教育、教学、管理、评价偏向于"学死"的教育，远离了"学生"的教育。

　　较长时期以来，学校里流行着一句话，"分分分，学生的命根；考考考，老师的法宝"。而时下分数不仅是学生的命根，也是老师和校长的命根，还是地方行政领导人显示政绩的命根，"考"则成为极少数人影响绝大多数人的法宝。

那么，哪些人能在这种教学和评价中获得高分取胜呢？长期调查显示：跟老师跟得越紧的学生，考的分数越高，而那些跟考纲跟得越紧的老师，教出来的学生分数考得越高。

于是，师生成了应对考试的"包身工"。一些所谓的示范学校一天学习长达十几个小时，将学生的自主性完全压制了，将学生的独立思考完全湮灭了，将对自然奥秘探求的兴趣消磨掉了，将对社会问题求解的欲望彻底根除了，待到大学毕业以后，没有老师可跟了，没有考试大纲了，大量的大学毕业生不知道自己该干什么了——这就是普通学生"学死"的基本过程。

于是，从小学开始，老师们就更喜欢班里有更多的小女孩，她们跟老师跟得比男生紧，考试的分数比男生高，老师和学校都更能从她们身上获得荣誉和利益。从小学到大学，所有的评优评奖和考试选拔，都出现阴盛阳衰。获得"阴盛"之利的女生们的人生被误导，终因找不着北，而成为"剩女"，而高处不胜寒，而处于无根状态；遭遇"阳衰"的男生们，失去了与自己个性潜能相匹配的教育机会，其才能难以得到充分的提升与发挥——这就是一代又一代人的"学死"过程。

一个正常的社会中，有着多样化的人才需求，也有多样的人才存在，他们以各自不同的方式显示自己的才能，以各自不同的方式成长发展，以各自不同的方式生活和思考，选择适合自己的方式学习，选择适合自己的机会，这样的社会才有可能是活力无穷的社会。因此，以多种方式培养人才，用多样化的标准评价和选拔人才，才是一个社会"避死择生"的制度设置。

相反，当一个社会只有极少数人在思考，只听极少数人发号施令，只用一个尺子量所有的人，大家都只能齐步走，或只能以一种方式、一种速度、一个方向走下去，必然是机会稀缺、阶层壁垒森严，大家时时刻刻都走在独木桥上，最终死路一条。

年少时和爷爷一起放牛，爷爷说"一头牛，一路草，头头牛，吃得饱"。当教育将所有人赶上一条路时，那么"学死"的就不只是一两个人，而是在这个制度体系中的所有人，这是一个多么巨大的恐怖。所有人都会在其中被代表、被幸福、被快乐、被愚弄，进而不自立、无原则、缺道德、没信仰，最终必然造成一个软弱、无主见、少能力的弱势人群——这是"学死"教育对一个民族造成的悲哀。

唤醒青年一代，确立独立人格，学会独立思考，立志探究自然奥秘、解决社会问题，生成真正属于自己的梦想，拥有自己的激情，养成批判精神和能力，自觉自主地凭着自己的能力和兴趣，寻找自己的发展道路并不断进取，这才是真正的"学生"之路。任何一个人认识到这一点，并切实这样做下去，便能走上"学生"之路；倘使丢不下现有教育体制给予的某些小利小惠，丢不下现有的"拼爹"机会，只会瞄准重点小学、重点中学、重点大学，便很可能走上"学死"之路。

更为重要的是，一个国家的教育、教学、管理、评价体制必须尽快变革，彻底堵住"诱死"之路，让每个学生都能够"学生"而不至于"学死"。决策者不能再因小失大，不能再鼠目寸光，必须不遗余力地将教育向中华民族与整个人类兴旺发达之路上转去。

从"学死"的教育尽快撤离，让学生真正能够"学生"，中国教育才有"出路"，中华民族才有"活路"，人类才会更光明。

班长失去联系折射出的教育问题

报上看到一则同学聚会要找 20 年前的班长却无法联系上的报道，让我联想到几年前曾经遇到的一件事，也是一个班的同学想在毕业 20 年之际聚会，大家好不容易通过各种关系找到当年班长的电话，不同的人都打过，对方硬是不接，聚会也就不了了之。大家一分析，可能是这位班长在毕业分配时受到照顾，现在的境况却不比多数同学好，不好意思和大家交往。

这件事引发了我的职业思考，并特地作了一些调查，发现不少人从学校出来后，同学之间联系较多，而与班长的联系较少，主要原因有两方面：一是多数同学不愿意和曾经发号施令的班长交往；二是多数曾经当过班长的人发现原来自己眼中不怎么样的人现在却超过了自己，感到失落，也没有与他们交往的意愿。

这件事本身折射出教育中的问题：班长与同学们之间究竟怎么了？

先看看班长是怎么产生的。在 20 年前，多数还是班主任指定；现在一些学校虽然同学投票选，选的标准也主要由老师把握，比如看学习成绩，于是乎在一些班级出现了只是成绩好却不太负责任的超然班长。在老师指定的情况下，同学们自然仅仅将他当成老师的安排，难以变为自己的认同；在选举的情况下，由于同学们难以左右选择的标准，选择的人也未必是能和自己心灵沟通的人，于是班长和同学之间就埋下了难以友好交往的种子。

再看看班长如何当。多数情况下，班长首先要遵从老师而不是尊重同学，于是学得非常乖，总是努力去迎合老师，迎合学校，变得只对老师负责而不对同学负责。只要这样，班长的"铁交椅"就始终难以搬掉。

之所以出现上述问题，是因为我们的教育中对班长的定位存在问题，给了班长一些超出于同学的特权和优惠，从而造成班长的双重人格。的确，老师从中获得了眼前的工作方便，却无意中损害了同学与班长间的正常平等交往规则。

教育的一个重要目标在于培养个性健康的孩子，班长和同学之间关系的这个事例说明，当前学校对班干部的定位、产生程序、执行职责等方面都存在一些问题。

班干部正确的职责定位应是为同学服务，为老师完成教学服务，其中第一项是根本，第二项是由第一项派生而来；这一职责决定着他只应从同学中民主产生，由同学们一票一票地选出来，教师没有权力否决学生神圣而有尊严的投票结果，也不宜随便干预；班干部在执行自己的职责时还应接受同学的民主监督，这样才能保障班长与同学间的关系正常。而且只有这样才能以民主意识为基础，培养全体学生的参与意识、责任心。

如果这个问题不切实解决，不只是班长和同学之间的关系不和谐，也是在向社会输送一批又一批没有民主意识，没有责任心，不愿参与社会的学生，制造社会裂痕，这样我们的民族还有什么希望？

孩子心中建立平等、服务、自主责任观比多少道杠更重要

幼年阶段给孩子设定社会角色的风险较高，尽可能尊重孩子天性才更有利于孩子健全成长。

一、黄某博——读书做官论的"现世"版

由于长期在学校作实地调查，黄某博这样的孩子我感觉很熟悉，正是因为有很多这样的官样少年，才更有讨论和思考的价值，他的出现让我们有机会反思我们教育当中是否出现了问题。如果我是他那个年龄，我也不会像他那样照相，随便摆个姿势就可以了。

中国古代社会，实际上是等级森严的社会，其中最关键的是官僚阶层和普通民众阶层的二元关系。古代有句话叫作读书做官，教育的培养就是为了做官的。但是随着社会的发展，未来整个社会是平等的，所有人都是平等的，当总统的和普通人都是有独立人格的人，都值得尊重。但是我国社会还在发展过程中，读书做官的旧思想仍然存在，即我读书就是要做人上人，而不是做人中人，人与人不是平等的，总想高人一头。黄某博的出现实际上是因为家长脑子里还有很强的读书做官的观念，代表了一部分人的想法。但是这个社会发展了，每个人都希望社会是平等的，高人一等的想法是不符合社会发展进程的。

二、每一个班里都有一个"黄某博"

从 1983 年开始，就做"扫地"式的实地调查工作，纵向走访了从幼儿园到大学的各级学校，横向几乎遍访了国内的各地区教育风格。发现黄某博这样的官样少年绝对数量是不少的，第一是有这样想法的人是不少的，第二是有一批这样的家长。虽然比例不好谈，但是我发现几乎在每个班级中，都会有一两个这样的官样少年，从幼儿园开始就有了。

我就遇到过这样一个实例。幼儿园里的一个小孩子由老师任命当干部，他看到一个孩子不顺眼，不服从管理，就叫其他几个小孩子打他，这就超出了正常的教育范围。这个孩子被赋予了管理的权力，那么谁不服从管理，他就要整谁，看起来很简单，却会在孩子群体中产生深远的影响，会在孩子幼小的心灵里建立起不平等的观念。我们的教育需要培养孩子平等的观念，要考虑这是为了以后适应整个社会的发展，而不要成为这个时代的阻力。

人与人交往规则的内涵究竟是什么？是相互尊重！但现实社会中，一些规则却是由体制来决定的。1950 年代以来成长起来的这样一批家长，因为受到那个年代教育环境的影响，自己缺乏独立思考的能力，很多问题不去思考，而是单向接受。当社会上的一些价值观，甚至是体制内的潜规则被认为是有利可图时，这些家长就会主动去学习，甚至让孩子学习，而不去鉴别。

三、不要让自己的孩子做"乖"孩子

在现有的教育环境中，又有了五道杠这样的体制条件，听话、乖，老师就给你糖吃，很多孩子因此成了如此教育体制内的乖孩子。这样的孩子是乖孩子，但是缺少自主的思考，损害的是孩子独立的思考，损害的是个性。如果家长从短期考虑，那么他有道理，如果从长远发展看，是不利的。踏入社会以后，创新性人才的基本前提是自己独立思考，自己找到自己的潜能和优势，否则这个人终生都无法找到自己的位置和价值。

政府、学校和家庭都要建立现代的教育观念，不能维系某种等级，而是应培养面向未来的现代人，要改变与旧的社会体系相衔接的旧观念。什么是未成年人？就是现在他所表现的还不是他自己的东西，而是别人给予他的。你让他当一个少先队大队长，如果他因此形成被动型人格，未来可能是一个落后者。我以前的一位班长，很听领导的话，当时称作"要求进步"，但是之后他却找不到自己的位置和方向了，后来的人生境遇很不好，这是我们那个年代人的悲哀。他是那个年代的官样少年，也是那个年代教育的受害者。

从这个角度说，任何一个家长和任何一所学校都不要让孩子成为受害者。

四、哪里是黄某博们的未来？

从媒体上看，黄某博说自己不是坏孩子。什么是坏孩子？实际上，这是相对于好孩子的观念而言的，而好孩子的观念是现行的教育体制教给他的。这个好孩子的标准，不是他自己判断的，是成人世界给他确定的框子，也许他在辩解，但是一个听惯了表扬的孩子开始接受指责时，他就会考虑自己是不是就是个坏孩子，好孩子的标准，他不知道。

在老师和家长心中也存在这个概念，不听话的就是坏孩子。在我的调查中，一些学校的班主任就不希望班级里面有男孩子，而是希望有女孩子，因为女孩子听话，易于管理，学习成绩好，而男孩子则相反，成绩总会落在后面，难道男孩子就是坏孩子？这就会成为一个误区，这就给教育带来了一种天然的偏见。

对于黄某博这个孩子，也许网络上的讨论会让他心里转不过弯，这倒是一个契机，解放他，让他看到不带有色眼镜的东西，听到真话，让知识拥有完整的结构，让他见到真实的社会价值世界。如果他的父母是一个聪明的人，就应该反思。这个案例最有价值的东西就是引起这类孩子和这类孩子的家长，以及抱有相似态度的教育机构和老师的反思，这几个群体都要反思，这不是一个个案。

我从三个点来说。第一，人与人之间是平等的。第二，要树立为他人服务的观念。我发现大陆的孩子为他人服务的观念要差一些，不少人意识中存在误区："我所做的一切都是为自己的，没有必要为他人服务，如果是为他人服务，一定是有好处的。"班干部需要有为他人服务的观念，而且不能把这个观念当成一个工具，这是人成长中必须有的一种体验，但是现在我们的教育把它功利化了。第三，要有自主的责任意识，不是家长、老师要求对什么负责，而是自己发自内心感受到要对这件事负责。我们不能说，一个人到了成年以后才告诉他要对谁负责，从小你就要告诉孩子要有责任感，别人看书时不要吵闹、红灯停绿灯行等等这样的基本的责任意识。现在在地铁站、公交车站，有很多志愿者维持秩序，实际上这就是一个社会自主责任意识缺失的表现。

长期以来，我们的社会都缺少这三点，导致了社会中使孩子具有健全人格的教育的缺失，而成年人的价值观、一些阴暗的规则则趁虚而入，成了教育孩子的法则，让孩子成为一个被动的个体。这样的人，你要他做一件事，那么就需要有一个交换的条件："我为他人服务，我就要成为比他高一等的人，你要我遵守秩序，那我就要一个奖励，三好学生啊，优秀学生干部啊。"这个不是责任意识，而是功利意识。这样的孩子从小就是一个他人的人，不是自己的人。

五、五道杠本身没有必要存在

未来社会没有阶层，阶层是要消解的，但是五道杠实际上是把社会的一些科层延伸到了学校，这是有问题的，区大队长、市大队长，这些超出学校之外的任命是怎么产生的？是否有实际意义？这个机制是有问题的，五道杠只是一个体制科层在青少年当中的照搬。而在校内，一道杠、两道杠、三道杠，这个又是怎么产生的？我想教师应该在这个产生的过程中选择回避，让学生选择大家愿意接受的人，孩子的事情孩子做。

家长希望自己的孩子挂上一道杠、两道杠，以后在升学或者面对其他机会时，有一定的体制资本，这首先是一个功利的价值观念在起作用。同时，教师也在起作用，在摆布这个班级的小社会，实际上，需要孩子们自己来处理关系。

共同呵护"小候鸟"的亲情聚会

　　长长的相思，短短的相聚，寒暑假期间留守儿童到父母务工地和父母的短暂团聚在童年的记忆中应是浓重而多彩的一笔。

　　然而，当数量可观的留守儿童在相对较短的时间内集中往返城乡时，各方面准备好了吗？大量事实表明——没有。

　　首先，这些未成年人路途的安全没有保障，已经发生过多起安全事故；其次，这些"小候鸟"终于和父母相聚了，但父母没有太多时间陪伴他们，城里也没有乡村那样广阔的天地供他们玩耍，他们在城里的时光反而变得很孤单、无聊，不知道玩什么、和谁玩，不知道如何打发时间，甚至在看到城里孩子丰富多彩的假期时会觉得很自卑，出现新的心理问题；再次，城市的交通和各种设施是他们不熟悉的，同样隐藏着不安全因素，曾经就发生过从农村到城里玩的男孩在商场乘坐自动扶梯时被夹身亡的惨剧。

　　当在电视上看到城市的同龄人到国外度假、别国青少年到中国度假的画面时，留守儿童们可能会自然联想到自己是否能在假期去父母务工的城市"见见世面"。这个社会是否为他们提供了这样的机会呢？

　　城市太大，成人太忙，往往忽略了匆匆来去的留守儿童。时光如箭，世态如潮，童心如镜，每个匆匆来去的留守儿童都会将所见所闻、所感所触深深地刻入记忆，在他们成年的适当时候再以特定的方式反馈给这个社会。如果他们感触到的是爱和关怀，则可能释放出更多的爱和理解；如果他们感受到的是阳光，则可能放射出更大的光芒；如果他们感受到的是冷漠与孤独，则可能以同样的状态面对他人，令这个社会难以承受。正因为此，全社会都不应再忽视这些匆匆来去的留守儿童，今天的城市对他们的态度在很大程度上决定着他们未来的人生走向。

从理论上讲，每一个匆匆来去的留守儿童都是社会的主人，都应受到平等对待，都应无条件享受城市的热情，在任何地方都应享受到幸福和尊严，他们的基本权利都应受到尊重。而现实中，政府、社会、公众、孩子的父母都未能对此充分准备，没有相关政策对这些孩子进行相应的保护。在这样一种处境中，大家都应该积极应变，积极负起自己能够担负的责任。

首先，政府要担责。政府制定的各项政策、投资方案是产生进城务工现象的政策源头，因此，政府应对由此引发的留守儿童与亲人团聚可能产生的各种问题承担起连带责任，提供应有的条件保障。

其次，进城务工人员牺牲自己的亲情，为城市建设作出了贡献，城市民政部门、教育部门、文化科技机构、社区、用工企业以及志愿者服务组织和普通市民，在享受进城务工人员带来的各种生活的便利之时，也都有责任为留守儿童的假期亲情相聚提供适当的服务。

俗话说，众人拾柴火焰高，留守儿童与父母一起过个快乐假期的目标是可以实现的。而要把这件好事做好又是一件不容易的事，不能让孩子被动参与，而需要以留守儿童为本，以他们的需要为依据，以他们的自愿为原则，以他们的兴趣为导向，确保形式多样，自主选择。

具体而言，可以采取留守儿童夏（冬）令营的方式，政府资助，专业机构实施，专人带队，妥善安排行程，严格交接手续；可以采取城乡家庭自愿结对的方式，城里的家庭带孩子下乡，结对带乡村留守儿童进城度假；或由用工较多的企业作为职工福利的一部分组织亲子团聚活动；或由城市志愿者组织、教育机构进行联谊。要充分发挥民间的创造性，逐渐摸索出解决这一问题的多种模式，由家长和留守儿童自愿选择。

做好留守儿童亲情相聚工作，还需要各相关责任方积极配合，如交通、铁路部门应为他们做出接应预案，用工企业应给他们的父母安排适当的假期，城市少年宫、博物馆、文化馆等相应的儿童活动场所要为他们提供尽可能方便的服务和门票减免优惠，城市教育或相关部门应给他们提供活动场地。

总之，只要城市是真正开放的，家庭、社会、政府共同努力，就不难把亲情融入"小候鸟"的生活，给"小候鸟"们一个快乐的假期。

复读不是每个人的加油站

又近一年新学始，几多学子陷彷徨。一些没考上大学，或者没考上理想学校的学生和他们的家长又开始琢磨："是不是复读一年？"

回答这个问题，先要分析一些情况。近年来，全国每年大约有70万人拿到高校的录取通知书但是没有去报到，其中除部分停学外，绝大多数加入了复读的行列。

已经复读的结果有三种，第一种是考上了比前一年更好的学校，约占总人数的四成；第二种考得比上年还差，约占三成；还有考得与上年不相上下，约占三成。

据统计，2008年秋季开始复读的学生在全国超过300万人，这样算来，只有120万人的复读可能获得正向收益，考虑到时间和经费的投入，即便有收益成本也很高。以70万人拿到录取通知后选择继续复读来推算，其中大约28万人是划得来的，42万人是划不来的。

有了这样的情况分析，每个人对照一下自己的情况就应该很明白该如何抉择——如果你今年没有被录取，选择复读可以获得一次机会。如果你已经获得高校录取资格，但感到不理想，在以下情况下复读是有利的：一是平时学习成绩很好，考试时因某种原因未能正常发挥；二是学习能力确实很强，但在高中阶段没有发挥出来；三是原来就读的高中教学质量存在问题，准备重新选择一所好学校复读。

同时，如有以下情况就不宜选择复读：自己的考试成绩符合本人平时表现；自己已经有过一年或多年复读经历；学生本人没有决心复读。

除了上述就复读所作的分析，还应该就人的终身发展来确定是否复读。

有人作过一个统计，近些年通过中国科学院院士和中国工程院院士评审的人当中，有不少是恢复高考后进入大学的，其中北京大学和清华大学本科毕业的人微乎其微，绝大多数人的本科阶段是从一些专门性的学院毕业的。调查还显示，各行各业许多杰出人才的起点学历和第一学历，都是从普通学校获得的，但他们都能持之以恒、不断进取。

条条大路通罗马，那些考上普通高校的人，只要志存高远，依然可以通过考研、考博提升自己。

复读群体将越来越少

复读是特定阶段特定人群的选择，随着相关条件的变化，将会逐渐失去必要性。

一、火爆背后的根源

自从 1977 年恢复高考后，有两个复读的高峰。

1985 年以前复读的比例较大，那时候高考是改变命运的唯一途径，大学录取方式比较单一，导致连续复读 8 年的"朱八届（猪八戒）"大有人在。1986 年到 1999 年出现了"委培生"，考生还可以通过缴纳一定费用上大学，使得复读现象因此减少。在这两个阶段的"复读"，动机主要是想解决能不能上大学的问题。第三阶段是 1999 年至今，高校扩招后，复读人数大量增加。复读动机也发生了较大的变化，由能否上大学转变为主要是能否上好大学，这已经逐渐演变成"中国式复读"的一大特征。

一方面，近年的高校扩招很大程度上激活并扩大了复读市场，考生觉得自己考得不好，即使被某所高校录取了，仍决定复读；而另一方面，暴利让人热血沸腾，于是在潜在市场、巨额利润的诱导下，复读班越办越多，复读生成了"香饽饽"。复读机构重金悬赏争抢生源，虚假宣传误导考生，原本正常的、依据考生实际情况而进行的复读正在演变成一场恶性复读。

高考复读现象，是学生、不同学段的学校、社会不同群体进行利益博弈而产生的结果。在中国乃至东亚的传统中，教育管理及社会用人部门不重视乃至完全抛弃自主评价功能，是这一现象产生的深层原因。这种价值取向使得东亚国家的教育补习现象很是严重。

二、变单一评价为多元评价

我曾说复读是一种文化，复读在中国乃至东亚已经不是个体孤立的行为，大家都无意识地受到复读文化的影响，这种文化的核心价值是重"名"而不崇"实"，重视社会统一的评价标准而不重视依据个体的特性进行自主评价。

复读现象与社会评价体系最重要的联系就是，用人单位更看重学历及获得学历的学校，而不看重人的实际才能与岗位是否相适合。社会文化传统和既有用人评价体制对学生的误导，使不少学生偏离了自己成长和发展的正常轨道，不是依据自己的潜能有效自主地发展自己，而是被外部附加的标准和封闭的知识牵引，这一点是很多人在决定复读时没有考虑进去的。

其实，现实中很多人只要改变观念，都可以成就自己的事业，而不少人放弃了，把生命花在追求一纸文凭上，造成长期以来中国人的自主创新能力没有培养和发展起来。一个人最终能否成才，关键还是要看他在今后工作中的表现。

对用人单位来说，要把单一的评价转为自主多元的评价，因为人的个性是千差万别的，只有我们的评价标准是多样化的，才有可能出现多样化的人才，才有可能把多样化的人才选拔出来，如果是单一的，选的都是单一的人才。而事实上，对人才的选择权往往掌握在外行手里，这些人喜欢看文凭、看学历，而缺少蔡元培那样的魄力。解决这一矛盾的根本途径，是用人单位依据个人的才能和岗位的适合程度，而不是依据毕业学校和学历高低来选拔录用人，这样学生才会首选适合自己发展的学校，复读的人数才有可能大幅度降下来。国外企业在这方面做得很好，它觉得你适合就会录用，而不会过多关注能力之外的东西，这种观念会慢慢成为大的趋势。

三、高峰已经过去

扩招引发的复读高峰已经过去，从这几年的情况来看，复读的人数比例在下降，复读现象已经归于正常了，而不是越来越多、愈演愈烈，还出现了放弃高考的现象。当前就业难等社会现实使得家庭和考生对大学功能的认识不再盲目。当家长、考生、用人单位更加理性，就意味着复读高峰已经过去。

有人说应该遏制复读生，比如已经被大学录取却不去上的就取消其一定期限的高考资格，这种方法不可取，采取这样的硬性措施会导致很多问题。所以，现在没必要去刻意打破复读怪圈，更没必要强行遏制复读生，因为任何一项政策一刀切的话，都会导致新的不公平。现在我担心的倒不是复读群体的大量存在，而是高校扩招过快和高等教育质量的下降。

至于高分复读，以后肯定会变少。当一条路没多少人走的时候，他会好奇，会去试探；如果走的人多了，大多数人还走了弯路，浪费了时间和金钱，那后来者自然会重新审视自己的选择值不值得。有统计数据显示，高分复读的成功率只有20%，80%的人成绩跟第一次相当甚至倒退。多花费一年时间，推迟一年就业，对自己的成长和发展无疑非常不利。

有调查还显示，各行各业许多杰出人才的起点学历和第一学历，都是从普通学校获得的，但他们都能持之以恒、不断进取。所以，学校和学生要把个性成长放在首位，而不应把文凭放在首位。

要让复读现象处在自然状态，没有了社会基础和需求，复读群体自然就会消失。

保障学习自主权才是真正解放学生

据报道，有不少中小学成为浙江教育科研孵化基地学校，即"解放学生"联盟成员。据介绍，教育行政部门将给予政策和经费上的支持，加入联盟的学校能开展一些更符合素质教育理念的教学活动。

过去几十年，学生课业负担过重的情况一直存在，从政府到教育部门一直在设法解决，而又一直未能真正解决。之所以反反复复，发文不少，方子不少，却又久拖未解，关键在于未能找到病根，未能从根本上采取措施。

学生负担过重，"病"在哪里？1964年，彭真在北京市一份关于学生负担过重的报告上一语道破：学校的"婆婆"太多，谁都可以对学校发号施令，谁都可以提出一个标准对学校进行评价，这样一来学生的负担自然重了。简而言之，由于"婆婆"太多，学生难以真正成为学习的主人。

浙江的中小学结成"解放学生"联盟，作出了解决这一问题的有益探索。加入"解放学生"联盟的学校被赋予一定的课程设置权，可以自主开设特色鲜明的学科课程；可以减少国家课程规定的课时数，腾出时空开展一些更符合素质教育理念的教育教学活动；可以不参加所在地教育行政部门实施的"质量监控"或"检查"；教育行政部门给予学校政策和经费上的支持。这一做法要解放学生，用心何其善也，既看对了病，也开对了方子。

不过，对这个方子的机理还是要作些分析，联盟的主旨是让学校减少"婆婆"，将那些比较啰唆、对学生管得比较严的"婆婆"变为比较超脱、开明的"婆婆"。比如，允许用个性化课程设置、开放式选课等方式，为每个学生创造合适的教育，以此改变当前学生负担过重、学习兴趣低下的问题，这无疑会产生积极效果。从原理上看，把学生个性发展摆在第一位，为学生的发展提供机会、创造条件，无疑是正确的。

从方式上看，这种换"婆婆"、减少"婆婆"的方式也是出于某种无奈。正因为此，这种变革仍然是不彻底的。它的前提假定是学生没有成为学习的真正主人，也就是说，这一做法并没有给学生真正的自由自主，而仅仅是给了学生一个多项选择。此外，这种做法对其他未加入联盟的学校和师生是否会造成不公？既然在其他学校要学国家规定课程的时候这些学校可以不学，在其他学校自主空间较小的时候这些学校经过行政许可自主空间变大，那么最终这些学校会不会成为特权学校？

独乐乐，不如众乐乐。为何不给所有的学校放权，让大家都能强调动手操作，都尊重学生的兴趣和需求，都遵守统一的规则，都享受同样的权利呢？

显然，学生负担重的根本原因是师生本应有的权利被剥夺了，学生难以成为学习的主人，教师难以成为教学的主角，这样就导致千人一脑，千校一面，创新不显，人才也出不来。我认为，解决的最根本办法是切实保障教育当事人的权利，保障学生的学习自主权。政府有责任维护每个人的教育自主权，而不应强求一律；政府有责任创造条件使人人在其中作出适合自己的选择，使每个人走上自己的教育之路。将学习的自主权还给学生，这是最根本的"减负"措施，也是所有学生都需要的解放。

"中国创造"需要"仰望星空"

　　微软公司全球副总裁兼微软中国研发集团总裁张亚勤写过一篇《从"中国制造"到"中国智造"》的文章，认为中国经济与科技的发展历程和未来前景可用"中国自造"→"中国制造"→"中国智造"来概括。目前，中国经济正由中国制造向中国创造转向，严重阻碍这一转变的是创造型人才的缺乏，直接原因是教育未能充分激发出学生的创造潜能。

　　中国的创新能力处于平平状态，中国人的创造和想象力从学生开始就明显偏低，有人作过调查，虽然中国孩子的计算能力名列前茅，但创造力在所有参加调查的国家中排名倒数第五。在被调查的中小学生中，认为自己有好奇心和想象力的只占4.7%。中国学生在好奇心、想象力、挑战性和冒险性四个方面都明显不足。中国学子每年在美国拿到博士学位的约为2000人，为国际学生之冠，但美国专家认为虽然中国学子的成绩不错，想象力、创造力却是大大缺乏。

　　人类的历史是创造的历史，是想象力发展的历史，每个人先天具有一定的创造和想象力，是什么导致中国教育难以培养出创造性人才？正是我们"病"了的教育观念，以及在这种教育观念影响下产生或选择的教育体制、教育评价、教育方式和教育内容。从政府到社会再到学校和家长都希望孩子能够成为一个顺从、听话的"好孩子"。

　　在教育体制上，完善的应试教育占用了学生绝大多数时间和空间，循规蹈矩，唯"标准答案"是从，极大影响了孩子探索自然、社会和未来的兴趣，使他们变成没有个性、缺乏想象力和创造力的考试机器。在教材中可以激发儿童的想象力，拓宽思维渠道的作品极少；标准答案式的评价注重训练的定向收敛思维，而想象和创造都需要发达的发散思维，标准答案导致思维标准化、机械化，知识失去活力，发散思维发展受阻，与培养创造想象力在思维方式上背道而驰。

爱因斯坦说："想象力比知识更重要，因为知识是有限的，而想象力概括着世界上的一切，推动着社会进步，且是知识进化的源泉。"中国能否顺利实现由中国制造向中国创造的转变，决定性的环节不在工厂和研发机构，而在学校，在从零岁开始的整个教育：能否给学生的怀疑精神以足够的空间，是否重视对学生创造性思维、批判性思维的培养，能否放飞学生的想象力，以及在多大程度上让学生的独立、尊严和自信得以体现。

中国教育过于脚踏实地，更需要多一点"仰望星空"的教育，让学生走出校门时依然是问号而非句号，这样才能"苟日新，日日新，又日新"。

没有永远集中的注意力

在望子成龙、望女成凤的过高期望促动下，越来越多的父母希望自己的孩子能够将越来越长的时间专注于学习。然而这种期望与儿童的生理特点和注意力的基本特性直接相违背。父母对子女的要求应符合儿童注意力的内在机理和特点，应该知道孩子的注意力不是"伸缩袋"，不能将过多的内容往里塞。

一、注意力集中有时限

注意力集中是大脑皮质优势兴奋中心的集中，在皮质的某一区域集中的时候，皮质的其他区域便处于抑制状态。在正常情况下，如同月有圆缺，大脑的某一区域经过一段时间兴奋后必然进入抑制状态，这本身也是人的自我保护机制。因此人的注意力在集中一段时间后，必然进入不集中的状态。而且不同年龄段的人注意力集中的时间不同。一般而言，7 至 10 岁儿童注意力一次连续集中的时间约为 20 分钟，10 至 12 岁儿童一次连续集中注意力的时间约为 25 分钟，12 岁以上儿童连续集中注意力的时间约为 30 分钟。

当然，相同年龄的不同儿童注意力集中的时间也会有差异，有些能专注较长时间，有些相对短一些，这些都属于正常现象。注意力集中时间的长短还与注意对象的特点相关，当注意对象是运动的、新奇的、令人感兴趣的时候，也能延长儿童一次注意力集中的时间长度。

二、注意力集中时间长短随着生理节律变化

即便是同一个人，由于处在生理节律（生理活动的规律）周期不同的阶段，注意力集中的时间长短也会发生变化。当孩子处于生理节律的高峰时，一次注意力集中时间相对较长；当孩子处于生理节律的低谷时，注意力持续集中的时间相对会减短。因此，在生活中，父母们要关注孩子的生理节律，不要在任何时候都用一个标准要求孩子，当他注意力能集中的时候就不要打扰他；当他怎么都难以集中注意力的时候，就没有必要勉强要求。

一般来说，孩子注意力不集中还与疲劳以及对活动不感兴趣有关。因此父母有必要保障孩子足够的睡眠时间，不要强行要求孩子对自己不感兴趣的材料投入长时间的注意。同时，父母们还要作好心理准备，孩子注意力处于发展低谷的现象会反复出现。

注意力处于低谷属于正常，低谷本身是儿童成长中一个必要的过渡阶段，并非注意力的障碍，孩子的注意力能持续 15 分钟以上便属正常。即便在低谷期间，孩子对于自己感兴趣的事物仍然可以一丝不苟，集中注意力，此时应该选择那些他感兴趣的材料，选择孩子平时最喜欢的活动才能进行有效的学习。

三、专注力缺失问题的确存在

目前，从幼儿园到小学乃至初中，专注力缺失的儿童普遍存在，专注力缺失儿童的人数有增多的趋势。一些地方调查显示，10% ～ 40% 的小、中学生有专注力缺失的问题。专注力缺失直接影响一个人的成长和发展，尤其是给孩子的学习和生活带来不利影响。

造成专注力缺失的主要原因是现在信息过于纷繁的社会环境和对孩子过度的期望造成的巨大压力。不当的家庭教养方式，包括孩子从小缺少必要的爬行锻炼、家长的过度呵护剥夺了孩子的动手操作机会、孩子运动量和自由活动过少、孩子曾被过多打扰等等都可能造成专注力缺失。另外，专注力缺失还和母亲怀孕时的情绪有关。

专注力是影响孩子学习的一个重要心理因素，高效率和快速精确的思维是优秀孩子的重要标志，而专注力集中是高效率和快速精确思维的重要保证。更加有效率地专注在当下开心的事物上是事业成功的最大秘诀。事实证明，一旦专注力缺失，受影响最大的就是学习能力和认知能力。

专注力缺失导致的学习障碍主要表现为上课注意力不集中，神游或做小动作，无法专心听讲；观察力弱，阅读困难，经常添字、漏字，甚至跳行；书写困难，做作业拖拖拉拉；理解能力差，思维能力滞后，不能依照老师的指令听说读写；不会主动学习，学习成绩差，跟不上班级的正常进度。

专注力缺失不仅给学龄儿童带来学习困难、交往困难，还会持续到青年和成人早期，对长期发展产生严重的负面影响，如：学习新知识困难、做事散漫、没有目标、情绪不稳定、易与同事发生冲突、具有攻击性、缺乏责任感、容易酗酒、肢体不安等。

青年择业不妨从兴趣入手基层做起

一名80后"幸运"地通过公务员考试，并成为某市级机关公务员，却因感到对工作不适应、不堪生活压力，毅然提交辞职报告，打破"铁饭碗"。他的辞职自述在网上引发热议，也值得各位青年择业就业、定位自己的人生时借鉴与思考。

受长期以来刻板的教育管理与单一的教育评价等因素影响，加上功利的社会潮流冲击，时下不少青年往往不顾实际追求热门职业，都盯着公务员、金融机构职员等岗位，以致"入错行"而影响当下生活和未来发展。但发现"入错行"后寻求调整的只是少数人，多数人都采取承受的态度。

人生苦短，但几十年的职业生涯又显得漫长，怎样才能选好职业，不只决定了一个人的人生历程是否有质量和快乐，还决定了每个人的聪明才智能否为社会所用，这关系到人力资源效率的发挥，选择必须慎之又慎。

职业的选择有一个基本原理：每个人都与众不同；社会经过细化分工后，不同岗位对人的任职要求各不相同，选对方向和路径的人才能充分发展与发挥自己。这就好像锅与锅盖那样，经过寻找配对，才能找到最佳组合，进而实现人尽其才、才尽其用的理想状态。

职业的寻找不应仅仅是到了大学毕业前才开始，而需要从小就开始，从做自己最喜爱的事开始。多尝试做一些事情，在尝试的过程中了解自己，看自己做什么最有效率、最有成就感；在冲突与挫折中发现自己的缺点与不足，通过自省对自己深入了解，逐渐找到真正的自己。

曾经有一名学生在中学阶段一直当化学课代表，高考时化学成绩最好，进入大学化学专业后才发现，自己并非真的喜欢化学，自己最擅长的是其他方面。因此在做事的过程中，一定要细心体会自己对某件事情的态度，多问问自己是否发自内心真诚热爱，是否受金钱、权力或其他外部因素诱导，也可以在实践过程中发现自己更擅长做什么。

或许不少人都希望留在"北上广"，希望进大机关，希望做一份科学家的工作。但是这并不一定适合每个人。当下有岗位招不到人和有人找不到岗位两种情况并存，就是由于有不少人与需要人的岗位之间不相匹配。从人才成长规律来说，人才成长往往是从小事、从基层做起的，通常一个人的职业发展生涯有三个阶段：青年时期比较敏感灵活，是技术发展的最佳期；中年阶段经验丰富，是管理方面发展的最佳期；四五十岁后则是理论发展的最佳期。一个年轻人，也许现在做不了教授的工作，但是可以先做助教，通过不断地磨炼，成长为能够胜任教授岗位的人才。

在这个过程中要做两件事：一方面是自身的积累，可能你认为自己当下就适合那个岗位，但自己的判断与实际有距离，当你积累到超出这个岗位要求很多的时候，你就一定有机会获得这个岗位。另一方面要让招聘者了解你，如果条件允许的话，拿出实力表明你能做好这个岗位的工作，能比别人做得更出色。这两方面的火候都到了，获得这个岗位就确定无疑了。

正所谓"一屋不扫何以扫天下"，成大事者必先苦其心志，劳其筋骨。青年不妨选择自己最喜爱的领域从基层、实际操作性强的岗位工作做起，刚开始需要做一些在人们看来可能很"低级"、很"无效"、很乏味的工作，在做的过程中逐渐找到适合自己的更加有效的方式，这样就开始上路了。

如果把人生的历程当作创业的话，它是一个不断变化、不断追求、不断放弃的过程。在这样的过程中，你必须激发出自己心底最深层不竭的动力。有了这种动力，就能在现实的磨炼中不断提升自我、发展自我、实现自我。

PART 4

第四辑

学校发展的关键在于内在驱动

推动衡水中学从"野蛮"向理想境地探索

衡水第一中学在浙江开"分店"引发舆论关注，不同的人对于衡水中学发表了不同的评论。看到这些评论不禁想起，法利赛人抓住一个正在行淫的妇人，要耶稣依据摩西律扔石头砸死她，耶稣说："你们中间谁是没有罪的，谁就可以拿石头砸她。"听到耶稣这么说，大家都散去了。当下不少对衡水的指责者以法利赛人自居，却不能像法利赛人那样意识到自己在畸形的教育中也是当事人。

衡水中学的教学及招生方式确实存在问题，这是谁也不能否认的事实。面对这个现实，不同的人有不同的对待。其中一种对待是站在道德高地上去指责和谩骂；另外一种对待应该是努力将衡水中学目前这种"野蛮"现状转变成对社会更有利的一种存在。

应该清晰地看到，衡水中学目前处于这个现状是由复杂的社会因素构成的，主要是两方面原因：一是现有的学校管理体制，在这种体制下学校实质上是行政体系支配的一个单位，是行政组织的复制品和附属品，不同学校获得的行政权力大小多少不一，多获得一点行政权力就有更大的空间，造成衡水中学现象首先要问责的是行政部门而非衡水中学这个被支配的单位。二是现有评价标准过于单一的考试招生制度，只看分数必然可以简单复制而不必精细化地因材施教，学校提高了考试分数就能成为巨无霸，获得多数家长的认可。衡水中学只是利用了这些复杂的社会因素，逐步发展成为现在的模样。

如果仅从道德或学理上指责衡水中学，而不是试图去改变其背后存在的管理和评价这两个主要因素，在认知上是不深刻全面的，是缺乏牢固基础的，也不可能解决实际问题。

对于衡水中学这种现象要从两个方面进行分析。首先，衡水中学的教育是不健全的教育，对于孩子的成长发展有可能造成一些伤害。其次，改变管理和评价，衡水中学就有可能转换成对社会有利的存在。历史上很多的事是这样的，并不是一开始就是以"菩萨"形象出现，而是一个复杂的存在，历史典故"周处除三害"就是很好的例子。

衡水中学可以转化的契机是对目前办学体制改革的促进。过去30多年的实地调查表明，高中教育存在各种严重问题根子是办学样式的过度单一，而造成这种现象的根本原因是管理体制的过度单一，办学主体单一，衡水中学所办的民办学校恰恰为高中办学主体多样化提供了一次难得而又有效的机会。

办学主体的过度单一与高中阶段极端应试是二而一的存在，尽管不少高中大部分经费来自学生收费，财政拨款大概只有20%到30%，但是这些学校依然挂了公立学校的牌子，办学主体只有政府。不少此类学校已被当地边缘化却又不思改变，这种旧体制已经处在无法为继的状况。

要改善这种状况最关键的是要有办学主体的多样，让民间的办学主体参与进来可以为未来的改变提供很大的可能性。所以，对衡水中学现象不能仅仅是站在道德的高地进行批判，更应该去利用它对社会和教育有利的一面，让高中办学主体多样起来，然后在多样的高中当中再去寻求高中教育新的突破，向更理想的境地探索。

不少人以破坏教育生态的名义提出批评，单一就不可能是良好的生态，浙江的单一与河北的单一没有什么两样，只有办学主体多样才能让高中教育在未来的转变中逐步走向完善。真正的高中完善一定是一个多样性选择和适度竞争的过程，只有这样目前的高中教育才有可能存在完善的机会。

如果没有这种局面，仅仅靠某个部门的文件或某些人过于理想的推演是不可能实现的。仅仅通过一种纯粹的理想、期望直接达到一种理想境界在实际上也是不可能的。高中教育的完善注定是一个曲折的过程，提供多样性供学生和家长选择最终的结果一定会相对理想。

为何不让"麻雀学校"飞起来

　　有媒体报道甘肃 10 人以下的"麻雀学校"（指规模小、条件差、人数少的学校）达 3100 余所，这些学校的去留问题引起社会的关注。这一问题在全国广大农村地区具有普遍性，涉及数量巨大的偏远贫困地区的群众利益，需要慎重解决。对该问题的讨论，除了去或留，还有个重要的选项，就是把这些学校真正办好，让"麻雀学校"飞起来。

　　需要把它们办好的充足理由就是当地村民的需要。只要他们不愿撤销就要办好，《义务教育法》赋予了村民的孩子有就近接受义务教育的权利，相关部门应该尽这个义务。

　　从理论上说，适度规模是办学质量和效率高的理想选择，相对适度规模的"麻雀学校"成本较高，存在着一些缺陷。但是相对于当下城市大量存在的大班额、大规模学校，它们的优势就很明显。事实上，尽管如此，其成本还是远低于城里的那些重点和示范校。

　　为何能在城里花那么大的成本办出示范学校，就不能在乡村里花同样的成本办好那些"麻雀学校"呢？归根结底，还是当下城乡居民子女在享受义务教育上，权利并不平等。

　　农村的"麻雀学校"有众多被忽视的资源——宽阔的场地、良好的空气、接近大自然，依据它的特点组织教学，而不是简单照抄大校大班的教学模式，同样可以办出高质量的学校。一百余年前，各地对私塾因陋就简的成功改造也说明了这个问题。这当中，最为关键的是有合适的教师。这样的教师不仅能够在一般的学校按部就班教学，还能具备全科素养，能够适应乡村环境创造性地开展教学，充分发挥小组学习和复式教学的优势。

在"麻雀学校"内部这样做的外部条件是，地方政府不能停留在搞面子工程上，而要逐步缩小城乡学校教育资源的差距，把"麻雀学校"与重点学校同等看待，在资金、政策方面加大扶持力度，提高农村小规模学校教师的待遇，保证他们安居乐教。

学校同样需要减负

如今的学校、老师都生存在夹缝之中：素质教育与应试教育的夹缝、孩子天性的充分发展与家长望子成龙高期待的夹缝、科学的教学理念与社会对升学率关注的夹缝。

之所以造成这个结果，除了社会上普遍的成才观、人才的选拔机制和评价机制以及家长对孩子的高期望之外，还有一个主要的原因是，学校没有明确的办学自主权。换言之，学校不能为自己的行为"做主"。

在现有教育管理体制中，学校面临着两难处境：一方面，它要在政府包办教育的大环境下承担近乎无限的责任，学生出了任何问题首先都会找学校，而不是政府；一旦教育出了什么问题，政府和社会也会去找学校。另一方面，学校又缺少自主权，具体表现在教师没有教学自主权、校长没有管理自主权、学生没有学习自主权。这就造成了学校的尴尬——没有被赋予充分的权利，却始终承担着巨大的责任。

依据个人成长发展的规律，教师本该根据学生的不同个性特点，制订不同的教学方案，在了解学生潜能优势的基础上对学生加以评价；校长也应该在此基础上，结合学校的特点确定办学理念。但现实的状况是，教师、校长都没有这个权利，始终是迫于各级管理部门、家长与社会的压力在办学。

于是就出现了这样一种我们不愿看到的现象：即便校长有正确的育人观，尊重教育规律，也无法依据自己的想法办学；即便教师知道怎样对学生长远发展更有利，但也只能无奈地遵从现状。长此以往，社会与家长在了解学生成长发展需要和尊重教育规律方面的观念愈加淡薄，学校最终沦为"教书"的场所，丧失了"育人"的功能。

要彻底解决这些长期积累起来的问题，必须从学校管理体制的改革入手，建立现代学校制度——将学校明确界定为有限责权主体，政府给予学校充足的权利，学校依法办学，政府依法管理学校。在明确了学校的主体地位后，学校就具有了依据教学实际需要和教育规律自主决定教学、管理、评价的权利，切实做到学生有学习自主权、教师是教学的责权主体、校长是管理的责权主体，后者依据前者，并为前者服务。

只有建立这样的制度体系，学校与政府、学校与社会、学校与教师、学校与学生、教师与学生、教师与家长之间才能建立平等、均衡、监督、制约的关系，人们才能以平常心开展教学、评价、管理。

我们始终要牢记，社会给学校的巨大压力，最终会转嫁到学生身上。只有切实改变学校和教师在夹缝中生存的状况，才有可能让学校成为快乐的地方，让学生在学习中感受到快乐。

校长任命不应权力说了算

成都曾发生一起中专学校校长乘坐一辆没有牌照的面包车，带着三个凶手对本校教师实施群殴的事件。

这让我想起20余年前我在调研中发现的一个问题，即由于校长产生方式和程序的不恰当，我遇到的合格校长越来越少。

校长带凶手群殴教师，为什么这样的人能当上校长？这件事背后的根源是当前校长产生的机制出了问题，这种机制可简单概括为行政权力产生校长，没有公信力基础，民主程序不健全，专业考核不落实。

事实上，现在校长在一些地方由教育主管部门任命，一些地方则由宣传部门任命，还有一些地方由组织部门任命，政出多门。一个人是否适合当校长，学校里的教职员工几乎没有发言权，相关的专业考核程序也不健全，或虽有这样的程序但不发生实际作用。

现行的校长任命制在任命校长时无法排除行政利己倾向的影响，其结果是任命校长时首先考虑其是否方便行政运转，校长任命被简化为一个极为普通的权力交接过程，至于那个人是否适合当校长，他能否管理好学校成为次而又次的因素。这种体制必然导致钱权交易、腐败滋生、用人不当。

这种方式产生的校长只会听命于他的任命者，很少考虑师生的需求和意见。这还会在学校里形成两股强大的流动倾向，一股是教学上优秀的人才流入行政和企业管理层；另一股是行政系统没有发展前途的人自愿或被动流入学校，且相当一部分人出任了学校领导，这导致不适合当校长的人却能长期当校长，其后果远比那位受殴的教师感受到的伤痛要巨大和严重得多。

校长是学校的灵魂，现实中的大量事实也表明，任命一位不合格的校长可能会葬送这所学校及其师生的前途。如果不合格的校长多了，就不只影响到学校的教育效率和质量，还会影响到民族的未来发展，所以，选校长应当充分发扬民主，严格专业选拔程序。

当前的现状表明必须从体制上进行改革，真正实现"教育家办教育"。

自主管理的命脉是政校分开

当前，现有中小学管理体制远远不能满足全社会对教育质量提高的要求，这是我国长期、普遍存在的严重教育问题。然而，在全国层面，学校自主管理的深层探索却寥若晨星。

1950 年后，中国就建立起政府包办学校、政府直接管理学校的管理体制。这种体制在管理对象的数量为三五个时是有效的。一旦管理对象增多，其缺陷就暴露出来，主要表现为学校主体地位丧失，责权分离，师生主体性、积极性和创造性受到强力压制。

正因如此，1985 年颁布的《中共中央关于教育体制改革的决定》的核心词之一就是"放权"，明言"坚决简政放权，扩大学校办学自主权"。然而，这个问题 30 多年来一直未能真正解决，其间一度实行的"分级管理，分级办学"也仅仅是县级政府把义务教育的管理权力和责任下放到乡镇一级政府，其结果依然是责权分离。同时，由于各地经济发展不平衡，出现大面积教师工资拖欠，于是 2000 年前后又回到县级政府管理学校的基本格局。在这一背景下，2010 年发布的《规划纲要》不得不再次提出"落实和扩大学校办学自主权"，强调"推进政校分开、管办分离。适应中国国情和时代要求，建设依法办学、自主管理、民主监督、社会参与的现代学校制度，构建政府、学校、社会之间新型关系"。

现有教育管理体制的问题在于：第一，政校不分，使得学校要用行政的逻辑办学，以行政运行的目标为目标，教育行政部门对学校管得太多、太细，把专业工作当成行政任务来完成，办学理念、方式、评价标准等各方面都被严重行政化，失去自主性。第二，责权不明，有权力的没责任，负责任的没权力，相互推诿，在整个教育内部普遍存在责任主体空心化现象，在微观的教育个体身上又存在对责任的逃避或去责任化现象。第三，单一模式化，在行政统一的要求下千校一面、千人一面。在这样的管理体制下，纵有再好的想法，也难以切实提高教育教学质量。因此，扩大学校办学自主权，使学校拥有人权、财权、决策权，是激活学校内部活力、从根本上提高教育质量的必由路径。中国教育若不能解决好这一问题，就难以立足于即将到来的世界范围的教育革命。

落实学校办学自主权，关键是政校分开。要改变现有的政府与学校之间的关系，把裁判员与运动员的角色彻底分开。学校不再是行政机构的下属，而是相对独立自主的法人社团；政府与学校之间的关系要通过法律法规来调节。学校一旦依法建立，就具有自主管理权利；政府的责任是规划布局、合理配置资源、监督学校依法办学，不能再对学校发行政指令。

近30年的学校管理体制改革的波折说明，这一变革不能仅靠行政指令赋权而行，而是要有法可依。依据行政指令赋权的改革也会依据行政指令草草收场。

因此，扫除学校自主管理的障碍就是扫除教育由规模扩张向品质提升发展转型的障碍。它不可能仅靠单兵独进，而需三路并进：第一条路就是有理想、有责任感的人，在实践中大胆探索与突破，为管理体制变革提供丰富的实践依据；第二条路就是要积极推进政府管理体制变革，切实转变政府职能，形成有限政府的规范；第三条路就是加快《学校法》的制定，立足于建立现代学校制度，立足于确定学校的法人地位，为依法自主管理学校创造条件。只有这三路协力共进，才能步入扩大学校自主权的现实路径。

民校全球招校长是自我突破

据《中国青年报》报道，2015 年海内外 14 名高校管理界的精英依次走上西安外事学院的面试台，接受来自校方的提问和全方位综合考评。经过公开的全球招聘，西安外事学院将最终遴选出一名校长、数名高管在该校任职，这是国内民办高校首次全球招聘校长。

首先，这则报道本身传递了五味杂陈的复杂信息。大学发展的历史上，无论是中国古代的稷下学宫，还是欧美的大学，都没有国界的分别，这才是大学的常态。把大学的国界和其职员的国籍作极为严格的划分，恰恰是闭关锁国背景下的大学非常态。

这则报道传递的另一重信息需要对当下民办高校发展的现状有所了解才能领悟到，那就是当下民办高校发展遇到了前所未有的挑战，需要自身的涅槃才能生存下去。西安外事学院选择向海内外"公开选聘，作为学院突破家族式管理的又一次尝试"，既是自我突破的第一步，又是迫不得已，真诚希望该校这一步走踏实。

中国实行开放政策已经 30 多年了，中国的大学还不够开放，从国际上招聘一位职员还成为新闻，也说明中国大学管理体制改革依然步履维艰。从 2010 年《规划纲要》颁布至今，建立现代大学制度的呼声已经喊了多次，对西安外事学院按照大学的常理提出全球招校长，这件事抑或可嘉可贺，但我国大学整体的改革步子则仍需加速。

如果海内外 14 名高校管理界的面试者仅是中国出国留学的"海归"，这则新闻本身就无新闻价值，有的只是它的边际效应，甚至与公众期望的高校改革没有多大相关性，即便接受来自校方的提问和全方位综合考评后，最终遴选出一名校长、数名高管在该校任职，还是显露出被掩盖的功利动机。

西安外事学院董事长黄藤，让自己的所有直系亲属均离开了学校的行政管理岗位，试图以此切实落实"非营利"公益办学方向，这种姿态当然是高的，而这仅是构建学校卓越发展机制的一个必要条件，还不是充分条件，如果没有政府管理部门的相应配合，也很难从根本上破解诸多发展瓶颈，把学校办得更好。

现实的状况是，中国内地尚无一所大学有外籍校长，如果应聘者熟知中国高校的管理环境而对这个岗位却步，或感到这个岗位任职有较大的不确定性，则报名者不会太多甚至无人问津，这仅靠西安外事学院的招聘和董事长黄藤的变革决心难以解决问题。它所传递的是中国高校的整个管理体制需要改革，其中最为关键的是政府与高校之间的关系需要进一步厘清，这一个案中涉及的是政府与民办高校的关系，实质上公立高校与政府的关系更需要厘清。

黄藤先生当下面临两难，若放手就难以对学校的未来发展发挥作用，也很难保证学校照自己设想的方式进行"法人治理结构调整"，进行"行政管理机制改革"；若不放手则还是转换了一个方式，只不过是距离稍远一点的家族管理，也很难到达他所希望的改革境地。如果招聘到一位对此不明了的人肯定不能把改革引向深入，而一位对此明了的人就可能选择不会来应聘。

这不只是哪一所高校全球招聘校长所面临的困境，而且还是所有高校招聘国际化人才会遇到的难题。

独立学院脱困要靠建现代大学制度

据《中国青年报》调查显示，全国292所独立学院近七成由房地产等投资资本掌控，一些地产商利用教育用地的优惠政策牟利、企业用投资的理念办学等问题很突出。

"独立学院"的出现和运行都存在诸多不合理的现象，名为"独立"却并不能真独立，一方面高收费却要依附于合作的母体公立高校；另一方面挤压了原来就已存在的私立高校的发展空间，转过来自己还被划分到私立学校之列。自独立学院产生以来，社会与独立学院内部都充满纠结。

面对这些纠结，必须淡定地看到，独立学院存在诸多问题的同时确实在社会上发挥了作用，比如：增加了教育投入，增加了就业岗位，在一定程度上改变了这一区段有高等教育需求的学生的命运，其中多数是农村学业成绩处于中等水平的学生的命运，对改变城乡居民的社会关系起到了舒缓作用。

产生独立学院这个怪胎的母体是中国的高等教育管理体制，仅盯着"怪胎"而无视其母体的问题，就只能得到片面的结论。在这个母体中捐赠办学没有生长的空间，为了增加教育经费投入才出现了投资办学，投资办学的回报与投资者的期望不相符，才有了通过房地产或其他产业运作。依照投资的观念去办学最终是办不好的，所以，对于292所独立学院来说，当下进入了一个向何处去的十字路口。

在这个十字路口，各方面都应看到，几乎一身问题的独立学院依然还是社会可用资源，简单把它们当"鸡肋"抛弃，受损失的还是社会公众。若要充分发挥它们的作用，就要尽可能趋利避害，全面权衡，适应整个高等教育发展的潮流和趋势，对独立学院以及现行高等教育管理体制在内的体制进行变革，至少现有高等教育管理体制要让渡出一定的政策空间放手给独立学院进行变革。

这种变革本身的路径是众多的独立学院投资者所不十分明了的，也是社会环境尚不充分成熟的。简而言之，就是要朝着建立现代大学制度的方向迈进。它的内核包含两个方面：一是建立完善规范的董事会制度，让这些学校成为真正的非企业法人，让各投资方的合作通过规范的董事规则和程序法制化，不再在行政指令下办学，而是依法办学；二是在校内完善学校章程，依靠专业组织治理学校，尽可能保障学人的基本权益，这样才能克服独立学院长期以来资金与学术分割的致命顽症，吸引有见识的学人以此为安身立命之所。

也就是说，独立学院要成为中国现代大学制度建设的先行者，才能实现由姓"房"向姓"教"的实质性转变。政府及相关部门要放开口子，让它们先行先试。对于独立学院而言，先行先试有时又是有风险的，试了以后有顺利升级转型的可能，也会有半途夭折的例子；但不试则要承担最大的风险，几乎是没有真正的明天。

在当下体制内的高校已经固化的情况下，独立学院具有相对更多的变异因子和动力。无论某个独立学院过去是如何走过来的，包括政府在内的全社会，也包括独立学院内部心态不一的各种人员，都要彻底抛弃"原罪"感，走出"盈利性""非营利性"的窠臼，避开投资者身份的过度追问，冲破当下存在的各种可能的阻力，勇敢地去建立现代大学制度，这样一方面可以进一步拓展资金进入教育的渠道，形成适度竞争和选择机制；另一方面可为进展缓慢的中国现代大学进程开辟新路，是多方共赢的上策。

不能让课堂成为学生发挥创造力的"宰场"

　　中国教育前 30 年过于偏向政治，后 30 年过于偏向功利，当前最急需解决的问题是教育能否回归到符合教育发展规律的正道上，要准确把握教育改革的诉求，使其回归教育原本。

　　《规划纲要》的基本精神十分明确，其重点是实现教育公平，改革管理体制；其目标是办人民满意的教育，建设人力资源强国；其原则是以人为本，育人为本，注重受教育者的成长和发展需求。显然，科学发展就是要尊重教育的内在规律，注重质量，确立科学的质量观和发展观。

一、教育原本不是商业机构的复制品

　　当前急需解决的教育现实问题就是严重失真、严重失爱、杰出人才难出、创新精神与实践能力缺失。教育原本不仅是灌输知识，更在于涵养个性，确立志向，产生信仰，怀抱理想，生成自由思想，培养独立精神，增强合作意识，追求真理做真人。同时，教育原本也在于提升个人涵养，启发自觉性，焕发创造力，养成合格公民，而不仅仅是地位、职业、文凭、学位、报酬、奖励的"兑换券"。另外，教育原本还在于人的成长发展，是社会追求公正、公平、平等、自由、民主的手段，而非直接的政治原则、政绩筹码、经济指标，更非商业机构或行政机构的复制品和附属品。

　　当然，实现每个人的充分发展十分重要。很明显，全民的梦想是公平，是每个人的个性与潜能都获得充分发展的教育服务；是幸福，是追求生活幸福之路上的教育支持；是尊严，是在教育过程中感受到尊严并提供与人心灵互育的教育环境。

中国教育的病根在于，本该属于每位教育当事人的权利被剥夺，层层上收，学生难以成为真实的学习主人，教师难以成为教学的主角，以致千人一脑，千校一面，创新不显，人才难出。政府有责任维护每个人的教育自主权，而不宜强求一律，并形成全社会参与共建自主多样、适度竞争、优缺互补的教育发展良性生态。

要解决该问题，首要的是应将学习自主权还给学生，将教学自主权还给教师，将办学自主权还给学校，只有这样，才能最充分地调动全社会力量关心和支持教育，才能有效适当利用市场配置教育资源。而当前，"一对一"地下达升学指标的现象比较普遍，因升学率上升而重奖局长、重奖校长、重奖教师的现象，无形中加剧了升学竞争，加重了学生、教师和校长的身心负担，养成了师生被动人格，也导致了学校的同质化、单一化倾向。

二、详细的教案对师生都是双刃剑

学校规模过大，也是教学质量难以提高的一个重要原因。目前，规模超4000人的较为普遍，导致质量、管理、安全问题。60%的学生在超额班级里学习，班级和学校规模过大，管理和教学均难以有效提高质量，规模不经济的问题普遍存在。

目前，教育的评价标准错误也容易引发质量陷阱。在基础教育阶段，用精英标准评价学校和学生，将考试分数和升学率作为判别学校优劣的标准，就永远不可能有高质量，也不可能有个性和公平。真正的高质量使得每个学生天赋的个性得到平等的充分发展，优势阶层的特殊利益则是阻碍科学人才观实施的实际障碍。

更重要的是，我们不能让课堂成为发挥学生创造力的"宰场"。不少地方把教师的教案作为评价教师的重要依据之一，教师评职称或年终评奖时，教案是必备材料和依据。课堂教学的每一个细节都是教师预先设定的，几乎不考虑学生在课堂上会有什么要求和表现。

可以这样说，详细的教案对师生都是双刃剑，实质上整堂课都是由教师来安排了。教师越是安排得细致，学生在课堂上随机应变积极主动参与的机会越少，学生没有自己去思考、探索的余地。中国教师难以理解其他国家一般教师上课没有教案的事实，显示出中国教师的教学哲学。虽然我国教书教得好的教师不少，但很少能培养学生"学得好"。

三、现代学校制度就是"以人为本"

每个人的充分发展，是以人为本原则下教育的最终目的。只要实现了这一目的，人力资源强国自然水到渠成，教育服务社会发展能力自然提高。教育改革旨在满足人民群众日益增长的多样化教育需求，从教育上实现人民更加幸福、更有尊严的愿望。

陶行知倡导"千教万教教人求真，千学万学学做真人"。要探索中学改革的有效途径，必须以解放思想为新起点，改变师生不动脑子地都照一个模式行动，没有思想，缺乏自主自觉思想的现状。让教育充满思想，让思想滋润教育的每一个细节；让师生充分思想，让思想进入每一个师生自觉自主的学习过程；让每一所学校都实践在发展中自主建构，并不断积淀起来的学校理念和哲学，让每所学校都能在师生自主的基础上形成共同愿景。唯有如此，学校以及中国的教育才能健康发展。

自然，应建设以人为本的学校，而不是以学科为本、以考试为本、以分数为本的教育。围绕青少年成长的实际需要组织教学，从而改变教育与生活、学校与社会、理论与实践、书本与经验相脱离，"死读书，读死书，读书死"的弊端。追求以人为本的教育理想所要完成的，正是从"知识本位""学科中心"转向"学生本位""生活中心"，使以人为本的理念通过制度建设得到充分保障。

那么，现代学校制度如何建立？依法民主管理学校是大原则，授权与问责相结合，决策与执行相分离，使师生有责有权。明晰学校与政府的法律关系，由教育家办学。当然，每所学校的发展最终由自身决定，《规划纲要》仅是改革的闸门，在洪流中，每个学校定位决定命运。只有这样，最终每个人才能走上属于自己的教育之路。

（本文为 2010 年 10 月 10 日在中国陶行知研究会中学教育专业委员会第十届学术年会暨纪念专委会成立十周年所作的《规划纲要与中等教育改革》的报告，四川新闻网记者陈术培、徐曼华记录）

学生课堂打架致死暴露出的教育问题

2008 年 6 月 12 日，安徽长丰县双墩镇吴店中学七年级二班上午最后一堂课的地理课上，坐在第三排的陈某和杨某不知为什么突然发生了争执，随后两个人在课堂上当着正在上课的老师的面打了起来，而且越打越凶。被同学拉开后，杨某突然头部向后仰起，搭在后排同学的课桌上，同时全身颤抖、口吐白沫。几位同学将杨某抬起来，送到学校附近的长丰县第四人民医院吴店分院。但是晚了，年仅 14 岁的他永远离开了人世。

授课教师杨某选择站在三尺讲台上充当"看客"，只说了一句"你们有劲的话，下课后到操场上打"，而后继续上课直至下课。事情发生后，长丰县、乡两级政府和教育部门多次召集双方学生家长、杨老师和吴店中学负责人协商此事，并由长丰县教育局、双墩镇政府出面协调。6 月 27 日，各方就此事达成了协议。根据这份协议，由陈某、授课教师杨某和学校承担赔偿费用共 20.5 万元。

不少人却强调的是要依法追究这位教师的责任，这是不全面的。依据我长期在学校调查的经验，我还想问的是：为什么学生没有在其他课上打架，而是在地理课上打架？如果是班主任或语文、数学老师说"你们有劲的话，下课后到操场上打"，这两位学生是否就会停下来而不致发生命案？

可以断言的是，这一事件的背后反映出在应试教育模式下，地理课被边缘化了，地理教师在学校和师生心中的地位也被边缘化了，这一点恰恰是这位地理老师麻木的重要原因之一，所以仅仅追究这位老师的责任，而不对我们的教育加以反思，不仅是不客观、不公平的，也是十分危险的！

或许未来的某个时候还会以另一种形式爆发出更严重的后果！

补课"有害"，谁来"除害"

据报道，2012年2月1日，沈阳某中学初三年级全体师生乘坐10辆大客车，在路途上颠簸了近三个小时后，抵达位于鞍山南郊的一所大学。学校如此大费周章地折腾，竟然是为了补课。而之所以选择去鞍山补课，是因为如此一来，沈阳的教育管理部门就够不着了。

这则消息说明了当下补课现象存在的复杂性。"补课"一词原本是指学生因病、因事耽误正常上课之后补上功课。然而，这个词的含义正在被社会改写，转变成了学生在平时正常上课的情况下，还未达到自己理想的学习成绩，于是找教师有偿进行教学。

由于每个人对学习成绩的期待是没有止境的，于是在相互攀比之下，越来越多的人滚进了补课这个大"雪球"，以致课内课外补课非常普遍，中小学生苦不堪言，给家庭也增加了经济负担。对它的深层危害有明智判断的人越来越少。

滚大补课"雪球"的原因，首先是以分数为学生评价标准的单一评价机制，它使增加考试分数成为学生选拔中的华山路一条，学生自主发展的十八般武艺都不能替代考试分数。各种各样的补课班便因升学竞争中的提高分数而兴盛起来。

此外，家长和学生对提高学业成绩的期望、教育资源不均衡以及部分学校和教师从补课中获利的动机相互作用，也导致越来越多的家长和学生被逼进不敢不补课的行列。

大面积的实地调查表明，当一个学生在正常上课之外，每周补课时间在两小时之内，补课有助于他的成绩提高。当每周补课超过两小时，补课不但不会提高成绩，反而会降低学习成绩，主要是因为这种补课增强了疲劳，降低了学生的正常学习兴趣，降低了对所学内容的新鲜感和敏锐度，从而降低了整体学习效率。因此，如果某个学生确实某门课缺得太多，可以适当补一补；若花更多的钱进行每周超过两小时的补课，则效果适得其反。

围绕考试的过量补课，除了在有限范围内能提高学生的考试成绩，其实对学生的正常健康成长有着诸多害处。第一个害处是毁损孩子的自主性。教学实践表明：真正的好学生不是补课补出来的，而是靠自主学习学出来的。补课是一种典型的被动学习，久而久之就会形成学生的被动型人格，一旦这种人格形成，就不知道主动确立自己的人生目标、选择自己的工作和学习任务，导致一生碌碌无为。第二个害处是损害孩子兴趣的生成。调查表明，现有的教育模式已经使学生对学习内容的内在兴趣随着年级的增高直线下滑，如果再增加补课，所学内容更加缺乏新奇性，学习兴趣必将进一步下滑，后续的学习动力与效果必然下降。第三个害处是损害学生身心的正常发育。

大面积的调查证实，人的智力与遗传基因有 68% 的相关性，与包括从一出生到离开这个世界所受的各种教育及生活经历这些外部环境仅有 32% 的相关性，当然这两方面不是简单相加的关系，而是相互体现的关系，先天的遗传好，加上后天的教育良好，才能达到最佳的效果。

对于一定智力的某个学生来说，上哪一所学校，他上学期间及毕业后的较短时间内差异是显著的，但他数十年终生发展的差异是不显著的。这就是大家所看到的名校学生也有一生无所成就者，普通学校也可以走出杰出人才。既然上两所差别较大的学校，人生差别都是如此之小，所谓的超前学习、补课所能得到的区区几分对人生的影响更是微乎其微，还不如按部就班、各得其所更踏实。

明白了基本道理，解决过量补课问题还应该有行之有效的措施：首先，政府要真正负起责任，保障学校均衡发展，改变单一的评价机制，切实提高课堂教学质量，杜绝教师课上留有余地的现象发生，公立学校教师不得参与有偿补课。

其次，对于家长而言，要理性对待补课。是否补课，请家长征求学生本人的意见，若不同意就不要勉强孩子。

再就是补习班的举办者要切实增强社会责任感，将更多的精力投入寻求符合学生成长发展需要的个性化成长服务上，建立自己长久的信誉和可以经得起时间检验的业绩，社会上要建立独立专业的第三方评价机制。

最后，建立健全的举报监测制度，发现超时、违规补课现象，对相关责任人依法及时处罚。

改变假期作业布置方式

临近开学时，突击做作业成为中小学生的主要生活内容。

有学生说："以前上小学时，还没放假，老师就布置好了寒假作业，赶着放假前写完，然后就是疯玩；中学以后就开始反过来，先玩了再说，假期最后几天就狂赶作业，经常开学报到时还在互相抄。"这种情况很典型。

调查表明，中小学生寒假作业大多存在分量过重、形式单调呆板、机械训练的问题过多等问题，只有极少数孩子能按照老师的要求每天定时定量完成作业，而且年级越高这样的学生越少。

其实，每年临近开学，不少学生都在为寒假作业发愁，于是有些同学之间相互抄袭，有些干脆上网或付费抄作业。这样问题就已超出了假期作业的范围，而演变成了孩子以什么样的态度对人对事的问题。

出现这一问题的原因何在？有学生说："老师留的作业对我的帮助不大，一看到这么多的作业，我学习的积极性就被打消了一多半。"基于这样的认识，学生拼凑作业、抄作业也就不足为怪了。

事实上，假期作业已经从教师督促学生假期也要学习的手段，变成了学生考验教师教育智慧的试卷。老师们该如何应对呢？这就要求教师改变对假期作业不恰当的认识和布置方式：

首先，要确立学生假期里的主要生活内容（但非全部）就是自主地玩的观念。依据有张有弛的原则，假期是学生调整身心、接触社会、密切与家庭成员的关系的好机会，教师要真心诚意地让学生在假期里能痛快地玩。

其次，假期作业的内容不应局限于教材和知识，而应着眼于学生的身心成长和发展。作业的形式也应与玩相结合，不一定是笔头的，要改变目前绝大多数的作业依然是应试题型的机械重复的通病。

再者，假期作业数量不宜多。不少老师留作业时都觉得这么长的假期留这点作业不多，但各科老师留的作业加在一起就够多了。

当然，假期作业出现的问题也与教育考核评价体系相关，很少有老师和学校对学生的作业进行过系统、整体的规划和布置，缺乏操作性、针对性的措施。而只有从学生学习的实际出发，努力找出时间投入少、学习效率高的作业布置方式，才能真正地将学生的负担减下来，学生也才不会因假期作业多而感到郁闷。

PART 5

第五辑

回望教育可以让我们少走弯路

陶行知的理想仍然值得追求

相较于陶行知当年所提出的创建民主、科学、富裕、共生、平等互助、爱满天下的理想社会的目标，依然还有不小的距离，仍值得追求，仍需要不懈追求。

陶行知是"自由、平等、民胞、共和"的信仰者，视人民为社会的主体；他致力于清除专制荼毒，启发人的自觉，反对施行愚民政策；他立志"经由教育而非经由军事革命创造一民主国家"，他的志愿是"要使全国人民有受教育的机会"，且毕生始终不渝朝这个目标努力；提倡新教育，改革旧教育，以调查为基本依据，以试验为根本方法，先后开展了平民教育运动、乡村教育运动、普及教育运动、国难教育运动、战时教育运动、民主教育运动。

他要终结延续数千年人吃人的教育、做人上人的教育，主张教人创造幸福的生活教育，它要教人做人、做人中人，大家一律平等，共同立法，共同守法；教人生活，教人读活书，活读书，读书活；教民众做主人，做自己的主人，做政府的主人；要服侍农人和工人，而不教人吃别人，以创造"国无游民，民无废才，群需可济，个性可舒"的佳境。

他主张："乡下阿斗没有出头之先，我们休想出头。乡下阿斗没有享福之先，我们休想享福。我们若是赶在农民前面去出头享福，只此一念，便是变相的土豪劣绅。与农人共甘苦，共休戚，才能得到光明，探出出路。"

他主张要用教育的力量，来达民之情，顺民之意，把天理与人欲打成一片，生活即教育是要解放人类的，"要从成人的残酷里把儿童解放出来"。提出"大学之道：在明民德，在亲民，在止于人民的幸福"。

他强调教育改造与社会改造不可分，指出生活教育的远景是建立大同世界、天下为公。

他意识到，建立民主共和的社会是人类的发展大势所向，提出"中国将来是非民主不可的，中国的教育也是非民主不可的"，决心既要打通层层叠叠的横阶级，也要打通深沟竖垒的纵阶级，使人人受到平民教育。

他主张学生要通过自治学习民主，学生自治是学生结起团体来学习自己管理自己的手续，能养成自己管理自己的能力，有自己立法、执法、司法的意思。认为养成共和的人民，必须用自治的方法，"自治可以养成我们对于公共事情上的愿力、智力、才力"。

他呼吁创设民主的环境发挥人的创造力，他指出民主应用在教育上有三个最要点——教育机会均等、宽容和了解、在民主生活中学民主，强调"专制生活中可以培养奴才和奴隶，但不能培养人做主人……只有民主才能解放大多数人的创造力，并且使最大多数人之创造力发挥到最高峰"。

他认为民主体制下的教育应具备的条件是：天下为公，教育为公，不以教育为一党一派及任何小集团谋利益；尊师重道，不以侦探做教员，不使教员兼侦探；使师生之间没有隔阂；使学生打开眼睛看事实；学生有阅读自由，讨论自由，批评自由；学校内团体生活，要有民主的组织使学生在民主生活中学习更进步之民主；动员广大民众，在真正民主的组织生活中学习真正的民主。指出思想统制与追求真理不能相容，统制的"结果不是思想统一而是思想消灭，统一于愚"。

他主张民主教育需要通过民主的方式管理学校，设校务会议为校内最重要之会议，以为全校谋幸福，求进步。

他确定民主教育的学制三原则是单轨出发，多轨同归，换轨便利。民主教育的行政鼓励人民办学，学生自己管自己，肃清官僚气。民主的校长要提拔为老百姓服务的人，将校门打开促使学校社会共同进步。

他主张教育为公，以达到天下为公；全民教育，以实现全民政治，反对党化教育，反对党有党办党享的教育；教人民肃清法西斯细菌，以实现真正的民主；启发觉悟性，教人民进行自觉的学习，遵守自觉的纪律，从事自觉的工作与奋斗；培养创造力，以实现创造的民主和民主的创造。

他主张实行生活教育民主的、大众的、科学的、创造的四大方针；倡导为博爱而学习，为独立而学习，为民主而学习，为和平而学习，为科学创造而学习。

他提出"做民众运动要陪着民众干，不要替民众干"，认为"唯独有自立、自治、自卫能力的民族，才能享和平的幸福"，所以，要把人民培养成"有智慧，有实力，有责任心的国民"。他常告诫学生"为农人服务，帮助农人解除痛苦，帮助农人增进幸福"。

他认为教农民出头的关键在于农民能自主，"就得教农民实行把民权操在手中，运用国家的权力来出头"，包括"如何训练农民执民权，如何教他们运用选举权、罢官权、创制权、复决权"，要教农人自己从时代的车轮底下爬起来，创造一个四通八达的大同世界。

他提出要做追求真理、讲真理、驳假话、跟学生学、教学生做先生、和大众站在一条战线上的大众教师；提倡对大众实行文化解放，要在认识、工具、方法、组织、时间和文化创造上进行解放，打破文化奴役的"三寸金头"，将民族解放、大众解放、文化解放联起来看，联起来想，联起来干。

民主是陶行知的终身追求，不民主才使陶行知对民主的追求尤烈。1939年3月10日，陶行知发表《评加强党化教育》，直言"党在民众间的行动与表现，就是一种教育，如果党员不'以身作则'，不以'人民之利害为利害'，不以'人民之视听为视听'，徒贪个人之私利，其所宣扬的党义教育，必适得其反"。那种以为教育权、教育机关紧握在党员手中就达到了党化教育目的的想法，就变成了争权夺利！并写《民之所好三首》：

> 民之所好好之。民之所恶恶之。教人民进步者，拜人民为师。
> 民之所好好之。民之所恶恶之。为人民服务者，亲民庶几无疵。
> 民之所好好之。民之所恶恶之。为人民奋斗者，血写人民史诗。

他临终前致学生的信中写道："我们肯为民主死，真民主就会到来，而中华民族也一定可以活到万万年。"勉励大家"立志把自己造成一位英勇的民主战士。不但如此，还要做民主的酵母，使凡与我你他接触的人，都发出民主的酵来，成为一个个的英勇的民主战士"。这成为他最后的民主遗嘱。

陶行知所开辟的道路，需要我们坚定地走下去，我们有责任将他播下的爱的种子撒向一切需要爱的地方，酿造出更多的幸福果实，供大众分享。

中国文化独有的那群人——对"士"的追思

　　拟此文以"推士"二字为题旨。推"士"不是"推事"，也不说那位曾在上世纪对中国发生过影响的外国人"推士"，而是要推本溯源被人们误解了许久的"士"，理解原本真实的"士"，然后表达出对作为一种培养目标的"士"的推尊。至于这一观点能否推行，则有待读过此文的人去推敲。

一、对士的批评及其留下的阴影

　　"五四"以降，人们对"士"提出了批评，这类批评往往从人民本位及现代本位的立场出发，将"士"推到人民与现代的对立面，宣称"士"阶级下野了，过时了，真实原本的"士"笼罩在一片阴影之中。

　　张彭春曾在《教育工作的一个新方向》中把"近来发表"有关"士"的"弱点"总括为："一、思想空虚，好弄笔墨"；"二、依仗权势，维持生活"；"三、不事生产，只会消费"；"四、个人竞争，不能团结"。最后得出结论"'士'的观念一天不铲除，中国教育一天不能上轨道"，并认为"以教育为'士'的预备是我们传统的旧观念。这个旧观念在新的学校教育方式里作祟"，接着他引国联教育考察团的报告作为论据，证明学校的形式变了，"专为造就读书人"的旨趣未变，"外表的名词也许改新了，但是在心理上，旧观念——'士'的观念——还存在着，支配着动机"。剔除其价值偏向，张彭春所述当是一种事实，即"现行的中学、大学仍继续制造大批的'士'"。正是众多人有着张氏当年相同的认识，经过近一个世纪的涤荡，人们对"士"畏而远之，以致"士"的精神现今不是多了而是少见，引发做人与做学问上的诸多严重问题。

这不得不让人觉得有必要对"士"进行推本溯源。

二、士从何来——文化中生成

恰当评价"士"，必先溯其源。关于"士"的起源，有周代官员名称说，有"士，事也"说，有"推十合一为士"说，有"通古今，辨然否，谓之士"说，有"泛指各部门掌事的中下层官吏"说，有"武士蜕化为文士"说，有"文儒武侠"说等。

余英时先生在2003版《士与中国文化》引言中就"士"的源流变化概括如下：

"士"是随着中国历史各阶段的发展而以不同的面貌出现于世的。概略地说，"士"在先秦是"游士"，秦汉以后则是"士大夫"。但是在秦汉以来的两千年中，"士"又可更进一步划成好几个阶段，与每一时代的政治、经济、社会、文化、思想各方面的变化相呼应。秦汉时代，"士"的活动比较集中地表现在以儒教为中心的"吏"与"师"两个方面。魏晋南北朝时代，儒教中衰，"非汤、武而薄周、孔"的道家"名士"（如嵇康、阮籍等人），以及心存"济俗"的佛教"高僧"（如道安、慧远等人）反而更能体现"士"的精神。这一时代的"高僧"尤其值得我们注意，因为此时的中国处于孔子救不得、唯佛陀救得的局面；"教化"的大任已从儒家转入释氏的手中了。隋、唐时代除了佛教徒（特别是禅宗）继续其拯救众生的悲愿外，诗人、文士如杜甫、韩愈、柳宗元、白居易等人更足以代表当时"社会的良心"。宋代儒家复兴，范仲淹所倡导的"以天下为己任"和"先天下之忧而忧，后天下之乐而乐"的风范，成为此后"士"的新标准。这一新风范不仅使原始儒教复苏，而且也涵摄了佛教的积极精神。北宋云门宗的一位禅师说："一切圣贤，出生入死，成就无边众生行。愿不满，不名满足。"一直到近代的梁启超，我们还能在他的"世界有穷愿无尽"的诗句中感到这一精神的跃动。

若将"士"当成一种历史现象来看，"士"既是文化的生成，文化成就了其人格，又是文化的"先觉"，具有特殊的历史使命，即"以此道觉此民"，"自任以天下之重"（《孟子·万章下》）。"士"成为中国文化与社会长期发展中不可或缺的角色，这是世界史上绝无仅有的。只要中国社会中文化不可消除，就不能没有"士"。

三、士的定格——学人

有些人将"士"等同于"士绅"，或用 gentry、literati 指代"士"，都不甚确，马克斯·韦伯限定为"受过人文教育的士"或"接受人文教育和考试的士"倒是与"士"的本义较接近。然而更简明地说，在中国文化背景中，"士"即学生或学者，它对应的英文应为 scholars。

"士"一词自古就与为学相关，《礼记·王制》云"乐正崇四术，立四教，顺先王诗、书、礼、乐以造士"，说明西周时期庶人中优秀者推荐入学深造，称"造士"，对"造士"中学习优秀者，期满之后由大乐正报告于王，提名于司马，称"进士"。《管子·小匡》篇道"朴野而不慝，其秀才之能为士者，则足赖也"，证明在春秋、战国之际平民中的"秀出者"可通过为学上升为士。春秋以降，"士"即指"脑力劳动者"。

正因为此，知识人在古代中国叫作"士"，商、周文献中有"多士""庶士""卿士""术士"之称，他们被认为是受过以"六艺"为主的教育训练，在政府中担任各种"职事"的人。周平王大搬家的过程中，王宫里的文化官吏在"天子失官，学在四夷"的大潮中失去了世袭的特权，流入社会以后，就成为历史上第一批靠出卖知识糊口的"士"。较早的"士"产生于邹鲁，史称"邹鲁之士"，他们受礼、乐、诗、书的熏陶，与中国传统精神形成了"二而一"的关系：一方面，"士"是以"礼"为主体或中心的精神为其基本精神的；另一方面，"士"又通过办私学来承传与弘扬或批判以"礼"为主体或中心的精神，中国"士"与"劳心"之间至少在公元前 6 世纪初叶已被画上了等号。

数千年来，各家各派认同"士"为其学人身份。儒家自不必说，墨家所提出的"兼士"（或贤士）是在"士"的基础上再加上自己的价值取向："厚乎德行""辩乎言谈""博乎道术"。《墨子·亲士》称："入国而不存其士，则亡国矣；见贤而不急，则缓其君矣。非贤无急，非士无与虑国。缓贤忘士，而能以其国存者，未曾有也。"

管仲曾按人们的职业划分出"士、农、工、商"，将"士"列为"四民"之首，认为"士"是一种有"讲学道艺"的传统，"有较高的文化素养"，"文武不分，合文武于一身"的人，对他们的培养和选拔（从农、工、商中）以"居处为义好学，慈孝于父母，聪慈质仁，发闻于乡里"和"拳勇股肱之力秀出于众"为标准。

可见"士"是春秋战国前中国社会中以拥有知识、技艺、思想为特征标志的群体，"士"在礼乐诗书方面的长期训练使他们自然地成为博文知礼者。当然，也不能把古代文献中所有的"士"都简单理解为知识分子。

四、士的理想——志于道

"士"的出现是和"道"的观念分不开的，"士"在"始于孔、墨学派的建立，而终于秦代的统一"这样一段时期里，乘"礼坏乐崩"之机，通过百家争鸣的方式，实现了中国古代学术思想发展史上首次"哲学的突破"。从此他们便以"道"的承担者自居，先秦诸子学派无论思想怎样不同，在表现以道自任的精神这一点上是完全一致的。一如儒墨所言之"道"不同，而"士志于道"的精神则一。

在中国学术史上长期占主导地位的儒家对"士"的质性曾作出典型规定，诸如：

> 笃信善学，守死善道。危邦不入，乱邦不居。天下有道则见，无道则隐。邦有道贫且贱焉，耻也；邦无道，富且贵焉，耻也。（《论语·泰伯》）
> 士而怀居，不足为士矣。（《论语·宪问》）
> 君子谋道不谋食。耕也，馁在其中矣；学也，禄在其中矣。君子忧道不忧贫。（《论语·卫灵公》）

天下有道，以道殉身；天下无道，以身殉道。未闻道殉乎人者也。（《孟子·尽心上》）

"士"强调价值取向必须以"道"为最后的依据，充溢着一种理想主义精神，要求每一个士都能超越个体和群体的利害得失，而发展对整个社会的深厚关怀。从而"士"是中国学人主体，"道"是中国学人精神的最高范畴，在"士"与"道"之间起粘连作用的是"志"，"志"是由"士"内心出发指向"道"的内在追求状态，"士"从而形成了"士志于道"的精神生活模式。这一模式是孔子最早为"士"所确立的，得到诸子百家认同。孔子倡导"志于道，据于德，依于仁，游于艺"，"士志于道，而耻恶衣恶食者，未足与议也"。孟子更详尽地论述了，无论进退、穷达、得势与否，"士"与"道"都必须合一："故士穷不失义，达不离道。穷不失义，故士得己焉；达不离道，故民不失望矣。古之人，得志，泽加于民；不得志，修身见于世。穷则独善其身，达则兼善天下。""古之贤王好善而忘势，古之贤士何独不然？乐其道而忘人之势，故王公不致敬尽礼，则不得亟见之。见且由不得亟，而况得而臣之乎。"儒家倡导终生以"道"为志，墨家强调"志不强者智不达"，道家"守柔""致虚极""为无为"，事实上也是一种"志"的体现。"士"志于道更进一步的目的在于"明道救世"，这一目的在西方只能求之于基督教，在中国则全仗"无恒产而有恒心"的"士"。

从中国历史整体地看，"士"形成了一个具有高度连续性的传统，余英时先生将这种连续性的传统归纳为"士"的基本特点：一是他们的主要构成条件"在其所代表的具有普遍性的'道'"；二是他们所志的"道""是一个安排人间秩序的文化传统"（在道家、墨家还内含天道）；三是"相信'道'比'势'更尊"，并将以"道"来批评政治社会当成自己的"分内之事"，或称"言责"；四是以自我内心的不断修养即"做人""来尊显他们所代表的'道'"。

"士"虽千差万别，其以"道"为任则一以贯之。

五、士将何为——任重道远

中国数千年传统中的"士"确有众多缺点，这是毋庸讳言的。张彭春提倡"力心同劳"也没错，陶行知倡"在劳力上劳心"更正确。在中国历史上，"士"的超越性也非绝对与永恒的，其中不乏放荡不羁与颓废之"士"，更多的则是终身平凡无奇，遇社会危机时刻方发出不平之鸣者。能终身"仁以为己任""造次必于是，颠沛必于是""无恒产而有恒心"的"士"，在历史上原本难得一见。因为"士"有缺点，就完全否定延续了数千年的对"士"的精神追求，这无疑是失当的。"士"恰恰是两千余年来中国学人精神的理想典型，是社会良心的承载，甚至是中流砥柱。

20世纪初，鲁迅提出"伪士当去"，这种"伪士"就是指那些"精神窒塞，唯肤薄之功利是尚，躯壳虽存，灵觉且失"的知识分子，他并没有将"士"列入"当去"之列。朱光潜先生明言教育之目的"不仅在训练一技之长，而尤在培养宏正通达之士；不仅在传播知识技能，而尤在陶冶品学才识具备之完人与培养健全之士风"。潘光旦更直言："近代的教育不知做人造士为何物，是错了的，错了，应知忏悔。"

只要人类社会的发展还存在或需要"道"，就不能没有"士"。从春秋战国时的"士不可不弘毅，任重而道远"，到宋代的"先天下之忧而忧，后天下之乐而乐"，"为天地立心，为生民立命，为往圣继绝学，为万世开太平"，到明清之际的"天下兴亡，匹夫有责"，再到五四时期对"德先生，赛先生"的深切呼唤，两千余年来"士"一直是作为一个群体的批判的主体存在于中国历史之中，发挥着"尊道抑势"的作用，文化和思想的传承与创新自始至终都是"士"的中心任务。季羡林先生认为，北大精神即是"士"的精神，蔡元培所要传承给学生的也是"士"的精神。

"士"的精神并非一成不变，而要经过"传统""断裂"与"创新"的反复变迁，但"断裂"是"传统"内部的"断裂"。每一次"断裂"，"士"的传统也随之推陈出新，进入一个不同的历史阶段。而连续性则贯穿在它内部不断的"断裂"之中，显现出永远古老，永远新颖的"与古为新"的特征。五四时期所高扬的科学与民主精神，当今社会追求的公平、民主、法治、人权，皆可归于"士"对"道"的追求，对"天道"与"人道"的追求。

社会需要良心，过去如此，现今与将来皆同；中国如此，整个人类也不会两样。当今之世，需士何急！需士何为？曾参道："士不可以不弘毅，任重而道远。"

辛亥革命开启中国现代教育之门

革命与教育犹如驾驭社会前进之车的备用两轮。一般而言，教育办得好的时代，就不会发生革命；若一个社会教育办得不好，并长期延续、累积下去，就有可能爆发革命。辛亥革命的爆发既是社会矛盾集聚的结果，也是一次社会的政治变革。

但从社会治理的深层分析，它又是中国一千余年教育没有真正办好的结果。如果教育真的办得较好，它就会培养整个社会成员的理性和自主治理的能力，引导社会以逐渐完善的方式渐进变革，形成社会的良性反馈机制，就不会长期积压社会矛盾，就不会给革命爆发以足够的机会。

其实，当时的中国有识之士已经看到这种危险的存在，早在此前就开始对陷中国社会于危机中的教育进行变革。清政府1898年创办京师大学堂，1902年颁布了《钦定学堂章程》，详细规定了各级各类学堂的目标、性质、年限、入学条件、课程设置等；1903年后又陆续颁布系列章程，借此规定课程表和实施细则；1905年废除实行了1300年的科举制度。临近辛亥革命前，广东及一些沿海地区的学校率先实施变革，两广总督张之洞创办广雅书院改设外语和数学科目，并将成绩好的学生派往国外留学。私立南武学堂首设体育课程，开男女同校之先河，这些成为此后全国改革的典范。

然而，此时的教育变革相对于激烈的社会矛盾已显得病重药轻，传统保守的势力尚不能容忍这些变革，极力加以阻挠。最终不仅没有在革命到来前将革命的火种转化为良性社会互动，反而进一步加速加深了革命的进行，使得在社会上主张革命的人急剧增多，其实力超过主张宪政的人，这就使得中国进入了一个革命的世纪，理性难以驾驭激情的世纪，教育在此过程中成为革命的主要动力之一，间或成为革命口号裹挟的工具。

待到武昌首义，社会变革轰轰烈烈，教育领域也迎来一场革命。其中最深刻的变化是：皇帝没有了，历代以忠君为宗旨的教育，顿时因失去清晰的方向而开始迷茫了，在迷茫中找到新的去向便成就了一场教育的心灵变革。

辛亥革命终结了宗法皇权专制，封建专制帝制不存在了，民国建立。从此，中华民国的国民理论上说，国民都是国家的主人了，也应当是教育的主人。主人的教育应该如何办？由于当时整个社会的基本态势是革命压过了立宪，激进压过了改良，一种与教育内在特性相冲突的力量裹挟了教育，因而一时难以达成共识。

蔡元培 1912 年初就任临时政府教育总长时发表《对于新教育之意见》，反对清末学部所定忠君、尊孔、尚公、尚武、尚实的教育宗旨，倡导军国民教育、实利教育、公民道德教育、世界观教育、美育，认为"'忠君'与共和政体不合，'尊孔'与信教自由相违"，而对于世界观教育，主张讲授哲学课程，"意在兼采周秦诸子，印度哲学及欧洲哲学，以打破两千年墨守孔学的旧习"。其中蔡元培所主张的"世界观教育"因为时人"以陈义过高而未纳入"民国教育宗旨。

在一些具体教育体制建设上，辛亥革命后，国民政府陆续颁布《整顿私塾办法》《整顿教育方案》《义务教育施行程序》等来整顿私塾，完善小学教育；在中学阶段逐渐形成国立、省立、市立和私立中学的体系，重新制定理性的学制系统，各省专门设置教育行政委员会，注重教育事业的发展。一些地区逐渐建立了大学、中学、小学以及各种职业学校相衔接的学校体系。

1912 年 5 月，蔡元培到参议院宣布自己的政见，倡导思想自由，提出教育独立主张："教育事业当完全交与教育家，保有独立的资格。"然而，由于中国国家体制中的专制成分没有有效消除，蔡元培及中国众多教育先驱的期望并未完全实现。

从逻辑上说，教育本身是不能通过革命的方式得到完善的，但是辛亥革命为中国现代教育发展开启了一扇门。或者说，辛亥革命给长期封闭的封建牢笼撕裂了一个窗口，使得中国之外的人类现代教育理念可以随风而入。但在中国要真正建立现代教育体系，需要长期作出更为艰巨的努力：废除读经，开设科学课，"五四"后实验主义的引入，民主、科学理念的倡导，新学制的确立，平民教育思潮的涌现，乡村教育运动的兴起，理科与科学教育的改进，这些都是冲出这个窗口之后中国教育不断向现代迈进的延续。

也就是说，辛亥革命从政治、体制、理念及多个方面对中国现代教育的发展产生了复杂的作用，为20世纪前半叶中国现代教育发展提供了一次"换轮"机遇。然而，教育是一项传承性较强的事业，"换轮"之后是否还会驶入老的轨道，就不再是由轮子决定的，而是由驾车的人决定的。

事实上，辛亥革命百年后的今天，封建的意识尚未能在中国人头脑中彻底根除，现代教育无论在制度、思想、课程、教学、管理的哪一个层面，都未发展到尽如人意的地步，教育依然未能脱俗。

回首百年，身在教育的同仁不能不反思一个问题：每一个人在教育上的所作所为究竟会对社会产生一种什么样的作用？能否无视人类社会发展的需要和大势办教育？能否违背人的天性办教育？教育究竟是将社会推向革命的边缘，还是推进社会不断地自我完善？每个教育当事人，需要用自己亲历的体验和独立的判断对所处的教育现实作出经得起历史检验的回应。

回望陶行知：理性与偏激的世纪较量

　　从 1911 年到 2011 年，中国经历了一个血雨腥风的世纪。回首既往，有一个值得当今每个人行事处世借鉴的维度，那就是"理性，或者偏激"。陶行知是百年来在中国说明这一问题的难得的案例。

　　陶行知 55 年的人生历程，几起几落，两度受当局通缉，逝世后又经历了从被颂扬至高峰再被批判 30 年然后平反的过程。跌宕起伏之间，个体的陶行知与群体的社会相互作用，理性的判断与激情的迸发相互激荡，偏激与包容相互冲撞。

　　1911 年，在金陵大学学习的陶行知开始信仰孙中山，主张民主共和。1911 年下半年新学期开学不久，武昌起义爆发，沿江各地响应尤其热烈，陶行知回到徽州，任初成立的府议会秘书半年，其间参与了余德民等人在屯溪阳湖余家庄的武装起义，并在华山岭进行了一次枪战，虽然吓跑了休宁县知事刘风绥，却被富户们拥立的夏慎大攫取了县政权。

　　起义失败，让陶行知体验到新建立政权的孱弱，新建民国犹如聚沙成塔，存在着种种严重缺陷，单纯武装斗争的结果，只能是"无量头颅无量血，可怜购得假共和"。建立一个真正的民主国家，最为根本的途径是教育而非军事，唯有教育才能改变人心，才能实现真正的正义与自由的理想。从此，他在激情燃烧的岁月选择了理性。1916 年 2 月 16 日，陶行知致罗素院长的信中明言："余今生之唯一目的，在于经由教育而非经由军事革命创造一民主国家。"

　　陶行知回国后，通过行动改革旧教育，建立新教育，以调查为基本依据，以试验为根本方法，充分利用试验主义作为立新破旧的工具。他所倡导的试验，正是中国文化传统中所缺少的一种思维方式和精神。它能开创新局面，也会遇到大阻力。

他认为，注重试验的教学法最重要的，"就是如何养成学生独立思想的能力"，试验教育的目的，在于养成会试验的教育家和会试验的国民。而中国长期的政治统治，恰恰希望培养听话的国民和善于颂圣的伪知识阶级。方法的不同，直接导致内容和结果的差异甚至对立，这为陶行知后来人生的起伏埋下了伏笔。

陶行知的试验是社会试验，他意识到中国教育缺乏民主，集中反映在人民不能平等享受教育权，因此既要打通层层叠叠的横阶级，也要打通深沟竖垒的纵阶级，使人人受到平民教育。

1923 年，陶行知拿出全副精力推行平民教育，却在他的家乡遭到督军马少甫（联甲）怀疑，将平民教育当作"过激党"的行为。另一方面，当时被称为"过激党"的成员，不顾大多数人对平民教育给予的肯定评价，却对此作出了批判，著名的有："平民教育是要紧的！但是起码的生活，不更要紧么？……即令有效，也不过是多使平民认识得几个字，因而多使平民添得几分烦恼苦病而已！"这两方面的偏激都显而易见。依照这种认识只能造就"政治狂"，后来的历史失误正说明，要求数万万同胞全都来参加政治运动，原本就是很危险的，80% 的文盲也是一个民族进步的重负，办平民教育又何错之有？

陶行知所办晓庄学校中有多种党派，曲折的经历使陶氏在政治上显得十分成熟又不外露，进步而又不过激，态度鲜明又很宽容，不把自己的态度强加于人，又不轻易接受别人的观点。在学校中，陶行知作为无党派，对多党多派兼收并容。在那个政治风云变幻的年代里，这种人最易遭到攻击和误会。他的理性包容的行事方式首次遇到最激烈的批判，就来自他的那些年轻气盛的激进学生。他们说陶行知是改良主义，并要陶行知由包容转向激进，陶行知告诉他们："你们是园中的菜，我是篱笆，把篱笆拆了牛就会进来吃菜。"这个比喻十分生动地表明了他的政治态度，他坚定地保持晓庄各派共存，形成大同与大不同并在，人人都能各得其所，显现各人本来之美的"人园"定位。

然而，这一定位在外部社会依然是专制的大环境中是难以持久的。晓庄的社会改造和试验，自一产生就冒着风险。而其中最大的风险，就是其所奉行的自由主义试验与当时政府强力推行的"党化教育"针锋相对。1928年2月，晓庄招进第三期学生郭凤韶、叶刚、刘焕宗（即刘季平）等30余人，他们中，有的曾在家乡进行反土豪恶霸斗争，有的曾在原校领导反帝反封建革命运动被学校开除。他们来到晓庄，受到包容大度的陶校长和全体师生的欢迎。但是，也正是他们的激进行为、与政府的直接冲突，导致后来晓庄被武装封闭，校长陶行知遭通缉，晓庄学生中14名共产党员被杀。

　　1927年3月6日晚，国民党元老吴稚晖、钮永建和共产党领袖陈独秀、罗亦龙有一场著名的对话。其中吴稚晖问陈独秀："研究共产学说，自为共产党之责，若实行共产，五六年前苏俄代表越飞，在广州语孙总理，当在二百年之后。以我理想，二百年尚嫌不足。"陈独秀笑吴稚晖太迂。吴稚晖问陈独秀："你定中国实行列宁式共产主义是若干年？""陈毫不迟疑回答：'二十年'。"吴稚晖即乱以闲话曰："如此国民党生命止剩十九年了。前年总理答越飞，国民党国民革命完成应需三十年。若你们共产党急迫至此，未免取国民党的生命太快了一点，应当通融商量才好！"这是吴稚晖、蔡元培提出清党的前奏。而陶行知则用另一种方式回应这次对话，提出开辟一片实验区，供抱有各种主义的人实验的提案。他回应吴稚晖说："中国政治是不是这样演进，他老人家这话是否正确，也非实验不可。"这项提案在时任大学院院长蔡元培的保护之下，不仅得以提出，且由大会决议保留，保留意见为："不在教育范围之内，留供内政部推行自治制之参考。"这个提案的命运，也是由当时的理性与专断偏激的力量对比所决定的。

　　陶行知的死，更多的是社会非理性的牺牲品。抗日战争胜利后，内战阴云又起，陶行知主张实行民主宪政，奋不顾身地投入了反内战、反独裁、争和平、争民主的斗争，在他一生的最后一百天中，到学校，进工厂，下机关，上广场，发表了一百多次演说，被国民党特务列入黑名单。社会恶势力的压迫与他的斗争热情相碰撞，普通生命所承担的负荷过度超重。1946年7月25日，陶行知终因劳累过度，刺激过深，健康过亏而与世长辞。

　　毛泽东、朱德、周恩来、林伯渠、谢觉哉、徐特立、董必武、习仲勋在陶行知逝世时都对他给予了极高评价。却不料四年之后，1951年引出新中国第一文化罪案——批判《武训传》，进而批判陶行知，陶行知又从峰巅一下子跌落低谷。这一批判，是又一次非理性的极致表现，客观上造成了长期以来中国教育界处于没有思想、不思想和不能思想的状态。通过批判陶行知的教育思想，达到了使全国教育界进入更好地听从指示而不思想的状态，导致60余年来"没有一所大学能够按照培养科学技术发明创造人才的模式去办学，没有自己独特的创新的东西，老是'冒'不出杰出人才"。数十亿人的教育受到影响，其代价极其惨重！

长期以来，社会上形成了一种偏激者获益、理性者受损的机制，消耗着社会迫切需要的理性、智慧和包容。为破解现实生活中的难题，提升我们的生活品质，后人应该思索——人生、社会、教育、政治……从中获取对个人、社会乃至整个国家发展的启示，也能增添人生智慧。

中国教育60年发展简志 [1]

　　五千年文明古国，一百年现代教育变迁，六十年曲折发展，三十年改革开放，13亿人口的中国实现了九年义务教育全面普及，实现了高等教育大众化，国民人均受教育年限达到8.5年，新增劳动力平均受教育年限提高到11年，平均每15人中就有一个大学生。中华民族的文化素质和精神面貌巨变。

　　1949年中华人民共和国成立，当时约五分之一适龄儿童能进入小学，中国人民政治协商会议汇聚各方共识，通过《中国人民政治协商会议共同纲领》，确立"民族的、科学的、大众的"新民主主义教育方针，提出有计划、有步骤地实行普及教育。政务院设立文化教育委员会和教育部，颁布《关于改革学制的决定》；兴学校向工农开门，建立政治思想教育制度，1954年在大学中建立政治辅导员制度；决策规划，一归行政，开中国教育新篇。

　　1949到1965年，全国扫除文盲10272.3万人，其间出现3次扫盲高潮：第一次为1952到1954年大力推广"速成识字法"扫除文盲；第二次为1955到1956年，受农业合作化运动推进，1956年3月29日中共中央、国务院发布《关于扫除文盲的决定》，全国城乡掀起群众性扫盲运动，出现夫教妻、子教父、能者为师、有文化的都来教、没文化的都来学的感人场面，至1958年扫除文盲2千余万；第三次自1958年始，与各行业的大跃进基本同步。1958年第一届全国人民代表大会第五次会议正式批准《汉语拼音方案》，1960年中共中央发出《关于推广注音识字的指示》，加速扫盲进程。

　　1978年11月6日，国务院发出《关于扫除文盲的指示》，确认当时青

---

① 原载于《现代教育报》，2009年9月30日。

壮年文盲、半文盲仍占 30% 至 40%，边远和少数民族地区达 50% 以上，要求各地"一堵、二扫、三提高"，分别于 1980 年、1982 年或稍长一点时间内，基本上扫除青壮年文盲。而 20 世纪 80 年代中国经济复苏却未带来扫盲的同步推进，从 1982 到 1987 年扫盲连年滑坡，1979 年全国共扫除文盲 567 万人，1988 年才扫除文盲 144 万人。1988 年《中华人民共和国扫盲条例》颁布，再次掀起了扫盲高潮。联合国教科文组织统计，1990 年全世界 8.9 亿文盲，中国占 2.29 亿，约占 1/4。1990 年为国际扫盲年，在世界全民教育大会上各国首脑签署了《世界全民教育宣言》，承诺在 1990 至 2000 年的 10 年间，将 15 岁以上的成人文盲率降低一半。为改变落后状况，兑现世纪承诺，中国政府提出加快扫盲工作步伐迎接国际扫盲年，全社会动员，为扫除文盲提供人力、物力和财力支持，于 1988—1997 年间，每年召开全国扫除文盲工作会议或扫盲工作座谈会，国家建立扫盲评估和表彰、奖励制度，1996 年设立中华扫盲奖。1984 至 2000 年中国共有 16 个单位获联合国教科文组织颁发的"国际扫盲奖"。2000 年中国基本扫除了青壮年文盲，成人文盲率下降到 9.08%，2008 年青壮年文盲率降低到 4% 以下。

1950 至 1956 年间，虽受到政治运动连连影响，广大教师和教育管理人员矢志不渝，新办学校，扩大普及，至 1956 年底初步建立新的教育体系，成为前 30 年教育事业发展最平稳、最快速的时期。

1956 年毛泽东提出实行"百花齐放、百家争鸣"方针，全国教师心情舒畅，独立思考风起，学术研究气浓，新见涌现，孙冶方突破将计划经济同商品生产、价值规律相对立的窠臼；吴景超、费孝通、陈长蘅、孙本文、全慰田、马寅初等先后发表人口控制文章。

1961 年教育工作贯彻执行"调整、巩固、充实、提高"八字方针，总结正反经验教训，稳定教学秩序，改进教学，中国教育发展现短暂黄金时代。全日制学校暂行工作条例修订后公布，1961 年中共中央批准试行《教育部直属高等学校暂行工作条例（草案）》；1963 年 3 月 23 日中共中央批准试行《全日制中学暂行工作条例（草案）》和《全日制小学暂行工作条例（草案）》；采取定（定发展规模）、缩（缩小发展规模）、并（与他校合并）、迁（全部或部分迁离北京）、放（下放领导）、停（停办）等不同方式进行调整，缩短战线、压缩规模、合理布局、集中力量提高教学质量，全国高等学校由1960年1289所调整合并为407所（其中本科359所），在校学生由1960年96.2万人压缩到75万人；中等专业学校由1960年6225所裁并为1355所，在校学生由1960年222.6万人压缩到45.2万人；普通中学由1958年2.8万多所压缩为1.9万多所，在校学生由1960年167.5万人减少为123.5万人，安置精简下的教职工43万多人、裁并下的中等以上学校学生45万多人。

"文革"十年，学校教学完全中断或秩序混乱，国家教育行政系统瘫痪8年有半，由国务院科教组管理；高考中断，军宣队进校对大中学校师生进行军政训练，工宣队领导学校斗、批、改；教师贬称为"臭老九"，被揪斗、劳改、关押、殴打、抄家，受害者未有统计。

1970年6月27日，中共中央批转《北京大学、清华大学关于招生（试点）的请示报告》，此后各高校实行群众推荐、领导批准和学校复审相结合的办法招收"工农兵大学生"。"工农兵"被推荐到大学的主要目的不是学习，而是"上大学、管大学、用毛泽东思想改造大学"，简称"上、管、改"。1974年9月19日，国务院科教组、财政部联合发出关于开门办学的通知，要求始终把转变学生思想放在首位，以工农兵为师。

1971年8月13日，中共中央批转的《全国教育工作会议纪要》中道："文革"前17年在教育战线上"资产阶级专了无产阶级的政"，"疯狂推行反革命修正主义教育路线"，教育制度是"封、资、修"的，为复辟资本主义服务，是"黑线专政"；原有教师中的大多数"世界观基本上是资产阶级的"，是资产阶级知识分子，必须继续抓紧再教育，俗称"两个估计"。

1975年初，邓小平提出对各方面进行整顿，教育部部长周荣鑫于5至8月间积极整顿教育，时任分管教育的副总理张春桥以毛泽东批示为由，于11月8日责令周荣鑫对"千方百计地否定科教组几年来的工作、否定文化大革命、否定教育革命"作检查。11月中共中央按毛泽东指示在北京召开"打招呼"会议，部署"反击右倾翻案风"，教育整顿因此终止。进而倡导"宁要一个没有文化的劳动者，而不要一个有文化的剥削者、精神贵族"。

1976年，教育革命仍在进行；1977年7月30日，中共中央批准各报全文发表毛泽东1961年7月30日《给江西共产主义劳动大学的一封信》，以该校为背景的影片《决裂》继续在各地上映。1977年11月6日，中共中央转发教育部党组《关于工宣队问题的请示报告》，各地进驻大、中、小学的工宣队即全部撤出学校，文化大革命"身影"从各级各类学校中渐渐消失。

1977年，中断11年的高考恢复，当年冬570万人走上考场，公平、公正和科学的人才选拔原则重新确立，尊重知识、尊重人才的社会风尚渐成，一代青年人的命运从此改变；"两个估计"被否定，停止使用"以阶级斗争为纲"的口号，极"左"观念得到矫正；40余万受害教育工作者的冤假错案被平反。

1978年，为使学校教育迅速摆脱"文化大革命"造成的混乱局面，教育部修订和重新发布三个条例，各级各类学校恢复教学常规。1981年将加强教育事业列为国民经济调整计划的重要内容，发展教育事业摆在经济建设的重要地位，改革教育结构，进行整顿、充实、提高。1983年9月9日邓小平为景山学校成立20周年题词："教育要面向现代化，面向世界，面向未来。"此后各级政府将这一题词当作教育事业改革和发展的指导方针。

1980年2月12日，第五届全国人大常委会第13次会议通过《中华人民共和国学位条例》。1983年5月27日，第一批自主培养的17位博士学位获得者在人民大会堂举行学位授予仪式，至2008年高等教育为社会培养212万硕士和博士学位获得者。1995年，面向21世纪重点建设100所左右高等学校和一批重点学科的"211工程"启动，1998年以北京大学校庆为契机提出实施"985工程"；"长江学者奖励计划"为高校汇聚了一批较高素质的青年人才。

1985年，《中共中央关于教育体制改革的决定》颁布实施，吹响教育体制改革号角；1986年4月12日六届全国人大四次会议通过《中华人民共和国义务教育法》；1986年9月，国务院批准将视导室更名为督导司，中央教育督导机构建立，督导制度恢复；农村和城市教育综合改革展开，农科教结合，实施"燎原计划"，为地方建设培养迫切需要的大量中、初级人才；1987年中国共产党第十三届全国代表大会报告提出"百年大计，教育为本"。短暂5年具有实质性的教育改革，展现了中国人教育改革的理想，确立了中国教育改革的目标，进行了切实的教育改革实践，成为60年乃至未来中国教育发展的一个重要标的。

新中国成立初期，小学入学率约为 20%，1990 年实现小学教育普及；1992 年 10 月中共十四大报告提出把教育摆在优先发展的战略地位；1993 年 2 月中共中央、国务院颁布《中国教育改革与发展纲要》，确定到 2000 年实现"基本普及九年义务教育，基本扫除青壮年文盲"的目标；1994 年全国教育工作会议确定"两基"为教育工作"重中之重"。在经济基础还十分薄弱的情况下，再穷不能穷教育，再苦不能苦孩子成为全社会共识，捐资助学成风，人民教育人民办，民间捐资约 3 千亿元；分级办学责任明确，各级政府新建、改扩建农村校舍，改善学校办学条件，为实现"两基"提供保障。经过不懈努力，到 2000 年底全国如期实现"两基"目标。2001 年，政府对义务教育管理体制进行改革，明确了农村义务教育"以县为主"的责任体制；2006 年 6 月 29 日，十届全国人大常委会第 22 次会议通过新修订的《中华人民共和国义务教育法（修订案）》并于 9 月 1 日起施行，规定"义务教育是国家统一实施的所有适龄儿童、少年必须接受的教育，是国家必须予以保障的公益性事业。实行义务教育，不收学费、杂费"，进一步确定了"省级统筹、以县为主"的责任体制。2007 年，农村义务教育实行免费政策；2008 年城市实行免费义务教育。2008 年小学净入学率达到 99.5%，初中入学率达到 98.5%，男女童义务教育普及程度的差异消除，九年义务教育人口覆盖率达到 99.3%，实现了全面普及；同时，74% 的适龄少年进入高中阶段学校学习，23.3% 的适龄青年可进入大学学习。

1951 年 6 月，第一次全国中等技术教育会议提出整顿和发展中等技术教育，中专和中技学校培养出大批初、中级人才。20 世纪 80 年代现代化建设拉开序幕，教育观念面临深刻变革，技能型人才的紧缺是经济结构调整和实现经济增长方式转变的瓶颈，迅速发展的中等职业技术学校明确为经济建设服务。进入新世纪，国家把职业教育放在更加突出、更加重要的位置，国家召开三次全国职业教育工作会议，力促职业教育发展；2002 年，《国务院关于大力推进职业教育改革与发展的决定》提出：推进职业教育管理体制改革，建立并逐步完善分级管理、地方为主、政府统筹、社会参与的职业教育管理体制，明确规定职业教育的主要责任在地方。职业教育面向社会、面向人人，以服务为宗旨，以就业为导向，在促进经济、扩大就业、改善民生中彰显价值，使更多的人能够找到适合自己学习和发展的空间。2008 年，全国中、高等职业教育在校生数达 3000 万人，其中中等职业教育在校生人数超过 2000 万人。

1995 年中共中央、国务院首次提出要"坚定不移地实施科教兴国战略"。1999 年中共中央、国务院颁布《关于深化教育改革全面推进素质教育的决定》，同年高等学校实行扩大招生政策，更多人获得了高等教育机会；以培养创新和实践能力为目标，基础教育施行了第八次课程改革，对教材实行一纲多本，设置活动课程；从 1999 到 2002 年，世纪之交效应激励中国教育实现快速发展，在高等教育快速发展的同时幼儿教育却出现下滑。

2003 年中共中央确立科学发展观，推动教育又好又快发展成为新的政策目标，农村教育被列为教育工作重中之重，西部地区"两基"攻关启动，政府对义务教育的保障责任强化，职业教育发展力度增大，优先发展教育，促进教育公平成为教育政策的基本价值取向。继科教兴国战略实施人才强国战略；胡锦涛总书记在中共十七大报告中把优先发展教育，建设人力资源强国作为以改善民生为重点的社会建设的六大任务之首。

2005 年 9 月，国务院召开新中国成立以来第一次全国农村教育工作会议，《国务院关于进一步加强农村教育工作的决定》部署启动农村义务教育经费保障机制改革，建立农村义务教育经费保障新机制，实行"两免一补"和"农村寄宿制学校"政策。

60 年教育发展中涌现出无数令人敬仰的教师，以倡导"师爱"闻名的特级教师斯霞、被誉为当代毕昇的王选、大爱无声铸师魂的谭千秋、三十年如一日每天背学生过河的"小渡船"周玉树……2008 年年底，全国共有教师 1463 万人，共有 2072 万人取得教师资格。

自 1990 年始，社会力量兴办教育，形成多元办学格局，建立起以财政拨款为主、多渠道筹措经费的教育投入体制，2007 年全国教育经费总投入中国家财政性教育经费占一半以上，其次为事业收入，社会捐赠经费和民办学校举办者投入等；2002 年全国人大颁布《中华人民共和国民办教育促进法》，2002—2008 年各级各类民办教育在校生及所占比例逐年增加。

1978 年，邓小平作出大规模派遣留学生的决策，指出"留学生要成千成万地派，不是只派十个八个"，开中国出国留学新篇，中国相继与多国签署了互派留学生的协议；1992 年起，中国实行"支持留学，鼓励回国，来去自由"政策；2008 年出国留学人数达 17.98 万人，其中自费出国留学人数达 16.16 万人，占当年出国留学人员总数的 90%；1978 至 2008 年，各类出国留学人员总数达 140 万人，遍布六大洲 100 多个国家。随着中国综合国力的增强和国际影响力的提高，越来越多的异域学子来中国留学，2008 年来华留学生达 22.3 万名，其中享受中国政府奖学金的 13516 名，他们来自亚洲、非洲、欧洲、北美洲、南美洲和大洋洲 189 个国家和地区；中国已累计接受来自全世界 180 多个国家和地区的学生 146 万人次；汉语在世界各国越来越受重视，至 2009 年 8 月，国外学习汉语的人数已达到 4000 万人，84 个国家和地区开办 271 所孔子学院和 85 个孔子课堂。

　　连续多年调查表明，中小学生素质下滑，2007 年 5 月 7 日，中共中央国务院发布《关于加强青少年体育增强青少年体质的意见》，要求全面实施《国家学生体质健康标准》，开展"全国亿万学生阳光体育运动"，切实减轻学生过重课业负担，确保学生每天锻炼一小时，确保青少年休息睡眠时间，加强学校体育设施建设等举措。

　　60 年，中国教育经历了兴创、发展、曲折与兴旺！最大的成就是实现了全面普及九年免费义务教育，最迫切的期望为实现由量的增长转向质的提升，最可喜的进步当推教育价值正在回归以人为本，最难的问题是教育体制改革，最需要解决的问题是实现教育决策科学化和民主化，最大的缺憾是乡村及城镇普通教师的地位没有提高到与其社会价值相当的位置。

　　60 年教训值得铭记：1949 至 1956 年，一面倒学苏联使中国教育久久难以摆脱教条主义束缚，陷入完全封闭不能自主；1951 年批判电影《武训传》，进而非常片面、极端、粗暴地批判陶行知教育思想，造成中国教育界长期处于没有思想、不思想和不能思想的状态；1954 年撤销文化教育委员会，导致中国教育管理长期行政一条腿走路，数十年教育决策、执行、管理、监督角色混同，致过度行政化问题积累难解；1957 年"反右"使 40 余万有独立思想的优秀教师、学有所长的教学骨干和学科带头人被划为右派；

"教育大革命"使教育走向极"左"，违反客观规律，急于求成，造成教育质量严重下滑，损失严重；1981年国内教育问题大讨论思想活跃，简单恢复60年代教育体制错失教育体制改革良机。

中国教育事业的发展正站在一个新的历史起点，正处于从人力资源大国向人力资源强国转变的关键时期。学有所教，依然任重道远。

幼儿教育 60 年：期待自觉自主 [①]

中国近代公共幼儿教育沿着"自上而下""自洋而中"的路径发展起来。1949 年后，在向前发展的过程中成果丰硕，却也历经了艰难曲折。60 年后对这一过程加以回顾，油然而生的感觉就是中国幼儿教育急需自觉自主地成长。

一、幼儿教育在曲折中成长

中华人民共和国成立后，幼儿教育经历了 1950—1957 年、1962—1965 年、1983—1995 年三个稳步发展阶段，1958—1962 年、1975—1982 年两个大起大落阶段，1995—2002 年大幅度下滑阶段和 2002—2008 年缓慢回升阶段。

1949 年，全国（不含港澳台地区）共有 1300 所各类幼儿园，在园幼儿 13 万人。20 世纪 50 年代初，各地采取了公办和民办并举的方针发展幼儿教育。到 1957 年，全国托儿所幼儿园已达 18534 所，是 1949 年 1300 所的 14 倍多；入学幼儿数达 108.1 万人，是 1949 年的 8.3 倍，教育质量上也有所提高。

20 世纪 70 年代前期幼儿园数量缓慢增长，70 年代后期到 1983 年则有所下降，1983 年到 1995 年保持较快地持续稳步增长，自 1996 年后开始全面下滑，2001 年滑到谷底，2001 年后又有缓慢的回升。直到现在，中国学前教育的发展可以说仍处在"阴转多云"的状态。

1990 年国务院颁发的《九十年代中国儿童发展规划纲要》中提出 90 年代中国儿童生存、保护和发展的主要目标，在全社会大力倡导"树立爱护儿

---

① 原载于《人民政协报》，2009 年 9 月 23 日。

童，教育儿童，为儿童做表率，为儿童办实事的公民意识"，并提出城市入园（班）率达到 70%，农村学前一年幼儿入园（班）率达 60% 的目标。这些目标虽然未能如期实现，但对促进当时的幼教事业发展产生了积极作用。

在 1996 年幼儿教育出现明显下滑的趋势后，1997 年原国家教委制定了《全国幼儿教育事业"九五"发展目标实施意见》，将 2000 年全国学前三年幼儿入园率的目标压减到 45% 以上，这一数字与 2008 年全国学前三年入园率 47.3% 的事实对比，坎坷之感不言而喻。

幼儿教育数量和规模 60 年来有很大发展，而相对于其他学段，幼儿教育的发展也显得"幼儿"，截至 2008 年，学前三年的毛入园率才达到 47.3%。

二、波动不断首因在管理

中国幼儿教育发展在 60 年里反复波动，这一现实状况背后的首因在于管理。

1949 年教育部就设有幼儿教育处。1951 年 8 月，中央人民政府政务院在《关于改革学制的决定》中明确"幼儿园是整个学制的第一环，是新中国教育事业的组成部分，必须认真办好"，并规定"幼儿园招收三至七岁幼儿，使他们身心在入小学前获得健全的发展"。1952 年，教育部颁发试行《幼儿园暂行规程》，明确规定幼儿园应对幼儿进行初步的全面发展教养，与此同时，还颁发了《幼儿园暂行教学纲要》，对各年龄段班级的教育内容提出了具体的要求。1956 年，内务部、教育部、卫生部三部委在《关于托儿所、幼儿园的几个问题的联合通知》中明确幼儿教育管理上实行"统一领导、地方负责、分级管理和有关部门分工负责"的管理体制。这些政策规定大大促进了幼儿教育事业的发展，使得这一段时间幼儿教育快速发展。

但到 1960 年，教育部撤销幼儿教育处，裁减幼教管理干部，造成幼儿教育 18 年没有全国的统一领导协调机构，1966 年后，幼儿园的管理事实上陷入混乱，发展直接受到干扰。

1978 年后教育部恢复了幼儿教育处的设置，一些省（直辖市、自治区）教育厅局也陆续恢复或新建了幼儿教育管理与教研机构，逐步恢复和完善了统一领导、分级管理的管理体制。这一体制在 1979、1982、1987 年分别作过一些调整，但整体上基本保持下来，延续了幼儿教育的持续发展。

20世纪90年代后期，全国各地抓"两基"验收，"两基"成为"硬任务"，而对于属于"两基"以外的幼儿教育则无暇顾及，学前教育在各地都被划到"两基"之外，不像"两基"那样与当地政府的政绩考核挂钩，因幼儿教育管理上不到位，导致农村幼儿园在园人数连续多年下降。直到2005年，仍低于1990年的水平。2005年与2000年相比，农村幼儿园数量从9.3万所减少到6.02万所，减少了35%；在园人数减少146万，减少了12.5%。农村学前班从2000年的28.53万个减少到2005年的22.85万个，减少了19.9%。

在计划经济年代，工矿企业、机关学校、社会团体、部队为解决自身职工子女的托育问题，绝大多数都办起了托儿所、幼儿园。然而在向市场经济转换过程中，各企业为了应对激烈的市场竞争，分离出此前所办的社会职能，幼儿园也成为被分离的对象。由于相关的政策衔接不紧凑，导致大量原来企业办得很好的幼儿园被推向市场、承包。采用办企业的机制来办幼儿园在理论和实践上都是行不通的，因此大量优质幼儿师资因拿不到工资而流失，学前教育因此而严重滑坡。

三、幼师职称亟须落实

幼儿教师是幼儿教育发展的关键，而幼儿教育教师又是目前幼儿教育中最薄弱的环节。合格幼儿教师稀少，没有职称的幼儿教师比例越来越大，师生比过低，成为60年来越来越严重地制约幼儿教育发展的因素。

"十五"期间，中国幼儿园教师学历得到明显提高。2005年专科毕业学历的幼儿教师有35.98万人，硕士和本科毕业学历的幼儿教师有5.12万人。专科及以上学历幼儿教师已占全国幼儿教师总数的49.2%。专科以上学历的幼儿教师数量比2000年增长了36.79%。2005年高中及以下学历幼儿教师比2000年减少了37.3%。

但是，还有一些数字并不令人乐观，全国没有职称的幼儿教师2001年占48.0%，2003年占50.4%，2005年占54.5%。其中城市幼儿教师中没有职称的占47.56%，县镇占50.32%，农村占71.94%。没有职称的幼儿教师数量的增加与其学历迅速提高的状况形成强烈反差，说明应尽快落实幼儿教师职称评定工作，以促进幼教事业的稳定发展和教育质量的提高。

全国幼儿园师生比过低。2005 年全国幼儿园平均师生比为 1：30.2，其中，农村幼儿园师生比为 1：36.1，远远超出国家规定的全日制幼儿园 1：7～8 的师生比，特别是农村幼儿园师生比过低的状况没有得到缓解。

四、期待走上自觉自主的新路

20 世纪二三十年代是中国近代学前教育史上最活跃的时期，陶行知、张雪门、陈鹤琴、张宗麟等杰出幼儿教育学者，抱着追求幼儿教育中国化、科学化的信念，创办试验性、研究性很强的幼稚园，为农民举办的学前教育机构，确实开辟出一块块幼儿教育的新大陆。

20 世纪 50 年代起，因片面、机械地学习苏联，幼儿教育学科自觉与自主性丢失，历史原因导致幼儿教育一度保守、僵化甚至混乱。1980 年后，多样性幼儿教育思潮的涌入冲淡了"一边倒"的氛围，但幼儿教育学科自觉自主意识却未能很好确立，盲目模仿外国的倾向出现，对来自外国的教育学思潮、理论、活动设计不作具体分析，简单移植，出现新的"全盘西化"现象。这事实上是幼儿教育学科自觉自主性尚未确立的另一种表现，在幼儿教育学理思维上未能超出 1919 至 1937 年之间的水平，没有出现幼儿教育理论与实践方面的大家，一些幼儿教育实践和理论探索也被迫中断。

20 世纪 90 年代以来，世界范围的幼儿教育民主化发展到对教育公正的追求，其内涵包括教育机会均等、教育选择自由、资源分配公平，国内对这方面也呼声迭起。目前中国幼儿教育最为迫切的是要确立幼儿教育的学科自觉性和自主性，在此基础上去探索中国幼儿教育的科学化、大众化、民族化的自主兼容的发展之路。

中国幼儿教育期待走上自觉自主的新路，应立足于人类社会未来的整体发展，依据儿童的身心条件，运用千百万年人类积累起来的幼儿教育知识、方法和经验，建设好现实中的每一所幼儿园，为儿童提供适合其个性特征的幼儿教育。

思想是教育健全发展的源泉

中国教育存在各种问题的根源是什么？我所得出的结论是：没有思想，不思想，或者说不能思想。仅仅是将教育当成行政任务、政治任务、权利斗争的工具、经济指标、官员业绩、职业和饭碗、学历和文凭，等等。广大师生、教育管理者缺乏思想，不思想或不能思想。这种状况从什么时候开始的呢？从 1951 年发动批判电影《武训传》开始，实质是要批判陶行知教育思想，通过批判陶行知教育思想达到使全国教育界进入更好地听从指示而不思想的状态的目的。

这个目的是达到了，但是前后几十亿人的教育遭殃了。1981 年为陶行知恢复名誉，教育界思想解放了不少，中国教育从此开始走上比以前要健康得多的发展道路。当时教育界思想解放有两个重要标志，一个是恢复陶行知的名誉，另一个为停止批判孔子。1979 年 3 月 25 日，陶行知生前挚友陈鹤琴向教育部负责人和当时正在北京召开的第一次全国教育科学规划会议写信，郑重提出重新研究、评价陶行知及其教育思想，正是这股教育界思想解放的思潮使中国教育发展得比以前更好了，并在其中成长了一大批敢于思想的教育理论和实践工作者，我自己便是这样一个例子，我所熟悉的还有华中师大的周洪宇、余子峡、熊贤君，山西的侯怀银，南京的杨瑞清，浙江的王建华，办打工子弟学校的黄鹤，北师大的项贤明、石中英，没有直接交往的还有很多。我说的这些都是有事实依据的，一次石中英教授跟我说改变他人生的是 1991 年寒假把《陶行知全集》带回家中看后所引起的心灵震动，我告诉他："不好意思，在这方面我比您痴长 10 年。"我正是在 1981 年接触了陶行知，并从此改变了我的人生道路，立志终生从事教育研究事业。

思想是教育健全发展的源泉，举一个亲历的例证加以说明，就是农科教结合的兴起与发展。农科教结合是运用陶行知思想促进教育发展的典型例证，1985年全国立项了一个陶行知系列研究的课题，中央教科所郭笙老师做生平与思想研究，华中师大董宝良老师做生活教育理论研究，江苏省罗明厅长做师范教育思想研究，安徽做陶行知教育思想与农村教育改革研究，承担人是安徽省教育厅吴正处长和当时的徽州行署专员吴存心，我作为该研究的教改实验员，在安徽省行知中学驻点。经常的活动就是学陶行知原著、到农村作调查、开研讨会、写研究报告，那份报告一直到1987年改了多少次我记不清了，当时我们越来越聚焦到陶行知说的"教育要与农业携手，与科技携手，与工商业携手"上，后来我们就将几个方面连在一起提"农科教结合""农科教协调"或"农科教统筹"，并逐渐在徽州地区推广，后来推广到安徽滁州地区。到1988年，当时的农业部长何康到安徽考察，觉得这个办法好，于是写了一份报告给国务院，建议在全国推广农科教结合。后来全国不少省市级政府里多了一个机构——"农科教办公室"，有人对此很高兴，也有人对此很忧虑。因为刚开始我们搞农科教结合确实是将思想运用于行动，还有些创造性，发挥了较好的作用；后来有了这个办公室，就当成行政公务，发文件、开会、检查成绩、写汇报材料，写出来的成绩越来越多，但思想的成分越来越少，多是执行指令，例行公事，至少我认为是有问题的，也越来越不受真正的农民和师生欢迎。这个例证说明什么呢？同样一项教育改革措施，有思想就能做好，没有思想就会做坏。现在政府文件中还常常提要农科教结合，这个原理是正确的，如果不让大家思想，仅仅将它当成行政任务推行下去，效果不会好到哪里去。

从这一个具体例证推演开来，结合我的实地调查可以下一个判断：思想贫瘠是当前教育存在各种问题的根源。改革开放以来教育有很大的成就，也有很大的问题。出现问题的原因不在于我们缺乏坚强的行政领导，也不能说缺钱，不能说因为校舍不好，教育技术不先进，关键在于没有思想、不思想、不能思想。当然思想不是万能的，它要通过管理、评价、课程、教学这些方面发挥作用；但思想是教育的第一资源，假如没有思想或思想上出问题，其他方面必然不会健全，纯粹从技术层面分析问题是不全面的，教育上最严重缺乏的是思想。没有思想的教育就如同没放盐的菜肴，无论做工如何精细，材料如何珍贵，都难以让师生开胃口，即便是强迫师生接受这种教育，也只会让他们日益变得虚脱无力，没有骨气，没有精神，久而久之，就会病入膏肓。

陶行知说，"行动是老子，知识是儿子，创造是孙子"；"在劳力上劳心"以追求新价值的产生。我们也大力提倡创新，然而我们的教育过于强调在行政指令下的行动，发一个文件让全国各地情况不同、个性特点不同的师生不动脑子地都照一个模式行动，用一个标准来评定所有人的成绩，进行高度一统的管理，要求大家都必须遵照执行，所有人耗费青春年华寻找标准答案，并以升学、就业，优秀、三好，加薪、晋级等各种利益机制加以激励，导致千人一面，千校一面，没有思想，缺乏自主自觉的思想。依照陶行知的说法这样办的是没有"儿子"的教育，没有"儿子"却迫切期望着有"孙子"，还编出一套怎样不要儿子就有孙子的理论，这是当前教育出现一切问题的症结所在。

中国教育的问题其实没有那么复杂。葛剑雄教授的女儿在美国读一年级，到中国读二年级，他问女儿："你觉得中国老师与美国老师有什么不同？"女儿说："美国老师教我们 imagination（想象），中国老师教我们 follow up（模仿）。"这说明小学二年级的学生就很清楚问题出在哪里，为什么这么多作教育研究的人，发了那么多研究论文和专著，却始终说不清问题在哪里呢？这使我想到作研究不仅需要知识、智慧，还需要真诚、思想，现今大量的教育研究是没有思想的"八股"研究，仅仅是为了出成果而作的虚假研究，解决不了什么实际问题。

正因为此，我想提出一个口号：让教育充满思想，让思想滋润教育的每一个细节；让师生充分思想，让思想进入每一个师生自觉自主的学习过程；让学校实践自己自主确定的办学思想，让每一所学校都有在发展中自主建构并不断积淀起来的学校理念和哲学，让每所学校都能在师生自主的基础上形成共同愿景。这是几十年实践证明的当前教育最急迫的需要，唯有如此，才能从源头上保证教育更加健全，才能从根本上解决积累已久的教育难题，才能真正培养出社会发展急需的创新和杰出人才。再也不能仅仅依靠教育政策、单一的教育管理、评价或教学模式来办教育，必须彻底消除阻碍教育领域思想自由运行的评价、管理和行政体制障碍。

唯有如此，中国教育才能健康发展，一代代人的健全发展才有保障，振兴民族的希望和建立创新型国家的蓝图才有可能实现！

　　"教育评辨"系列是一个"怀孕"时间超长的产儿，从所收文章看，前后写了 10 来年。从对这些问题的调查以及思考来看，则有 30 多年了。

　　这个系列之所以能生成，首先感谢那些不断盯着我要稿子的各个媒体记者和编辑，他们常是问题的提出者，也是文稿的加工者。据不完全的回忆，他们是《光明日报》的罗容海，《中国教育报》的翟博、周飞、张显峰和杨国营等，《人民日报》的杜飞进、赵阿娜等，搜狐财经的汪华峰，《法制晚报》的林定忠，《北京青年报》的姬源、熊颖琪，《东方早报》的李旭，《新京报》的王磊等，还有《环球时报》《中国教师报》以及一些期刊的编辑，或有疏漏，请海涵。

　　这个系列得以出版，华东师范大学出版社大夏书系给予了大力支持，编辑卢风保做了大量细致的搜索、筛选、编辑工作；由于本人 2016 年眼睛先后做了 4 次手术，恢复缓慢，爱人胡翠红帮助做了大量工作，一并致以诚挚感谢！

　　书中定有不足、不妥之处，欢迎读者批评指正，请将指正意见发我邮箱：chu.zhaohui@163.com。万分感谢！

储朝晖

2017 年于北京